《太极大家》系列

梅墨生 主编

# 李经梧传陈吴太极拳械集

王大勇 吕德和 梅墨生 李树峻 编著

当代中国出版社
Contemporary China Publishing House
2017年·北京

**图书在版编目(CIP)数据**

李经梧传陈吴太极拳械集 / 王大勇等编著. -- 2版
. -- 北京：当代中国出版社，2017.5
（《太极大家》系列）
ISBN 978-7-5154-0779-1

Ⅰ.①李… Ⅱ.①王… Ⅲ.①陈式太极拳—套路(武术)②吴式太极拳—套路(武术) Ⅳ.①G852.11

中国版本图书馆CIP数据核字(2017)第080714号

出 版 人　曹宏举
策划编辑　柯琳芳
责任编辑　柯琳芳
封面题字　梅墨生
责任校对　康　莹
装帧设计　古　手
出版发行　当代中国出版社
地　　址　北京市地安门西大街旌勇里8号
网　　址　http://www.ddzg.net　邮箱:ddzgcbs@sina.com
邮政编码　100009
编 辑 部　(010)66572264　66572154　66572132　66572180
市 场 部　(010)66572281　66572161　66572157　83221785
印　　刷　北京润田金辉印刷有限公司
开　　本　720毫米×1060毫米　1/16
印　　张　20.75印张　2插页　插图808幅　260千字
版　　次　2017年5月第2版
印　　次　2017年5月第1次印刷
定　　价　49.00元

李经梧（摄于20世纪80年代初）

# 李经梧小传

李经梧（1912～1997），著名武术家、内功养生家、太极拳大师。山东掖县（今莱州市）过西村人，为吴式太极拳、陈式太极拳正宗传人。早年从刘子源习秘宗拳，后毕生修炼太极拳，先后师从赵铁庵、陈发科、杨禹廷、王子英、胡耀贞诸巨擘，精通吴、陈式太极拳械，兼采孙式、杨式拳劲法，融会贯通，自成一家。20世纪40年代即已蜚声武林，为“太极五虎上将”之一，担任北京太庙太极拳研究会理事、推手组长。为“首都武术社”主要发起人。建国后，积极参与编定推广国家竞赛套路，参加了国家体委组织的二十四式简化太极拳和八十八式太极拳的编定推广工作，为中国第一部简化《太极拳》科教片的演示者。50年代后期淡出武林，移居北戴河，任北戴河气功疗养院太极拳师，成为“北戴河太极拳”的开拓者，强调内功和太极拳术相融合，创陈、吴式太极拳的“李架”风格。并于1984年武汉首届国际太极拳（剑）观摩大会名列“太极十三名家”之一。生前曾出任北京市武术运动会总裁判和全国武术裁判。为河北省人大代表、秦皇岛市武协主席、国家体委武术研究院学部委员、武当山武当拳法研究会研究员、北京陈式太极拳研究会顾问等。

李经梧毕生献身太极拳事业，传功育人，有入室弟子80余人，从学者数万人。他德艺双馨，内外双修，内功深厚，推手精湛，无武界之陋习，有大家之宗风，是20世纪杰出的太极拳代表人物之一。

# 丛书序

太极拳日益成为一项国际化的运动，据不完全统计，全球约有1.5亿人在习练太极拳。不论老幼、不论种族、不论地域、不论文化之差异，世人对太极拳运动之广泛热衷，说明了一个至明至浅的道理：它有益于人们的身心健康。

全球化的物质与科技化风潮，紧张快速的现代化城市化的生活方式，给世人带来了许多现代文明病——从生理到心理疾患。而太极拳经过历史检验和事实证明，是一项有百利而无一害的有益健身运动。而且，它是一门形神兼练、性命双修、心身共养、天人合一的大学问、大道法。在现代生活的压力下，太极拳更加显出它历久弥新的生命力与迷人魅力。作为一门国粹，它既是炎黄文化的组成部分，又是传统文化精神的载体，在健身祛病、修养身心、延年益寿的同时，还可以以之体悟文化，品味一种古老文明的智慧。有鉴于此，我们将陆续编辑出版《太极大家》这一套丛书。

太极拳不仅功理深奥，而且流派、风格各异，传承久远且广泛，我们本着兼容并蓄的立场，凡是太极拳大家的著作，只要是学理清楚、论述明白、成一家之言者，悉数收入丛书之中。本丛书不赶时间，不贪大，不求包装奢华，成熟一本出一本，力求朴素无华而有内蕴，将大家的真髓奉献给读者。

本丛书将各种流派、各种风格、各家代表人物包蕴其中，多种体例与风格都在尊重编著者的前提下予以入编，以满足读者不同的阅读需求。因此，丛书不求写作体例和手法的一致。除了新著外，一些历史旧著，如条件允许也适当入编。

总之，本丛书的入编以学术性、经典性、多样性为原则，力求信息的丰富性和代表性。

希望本丛书的出版对太极拳事业的繁荣发展有所裨益。是为序。

丛书主编　梅墨生

李经梧老师拳照

陈式太极同门“全家福”，1982 年摄于北京天坛。二排右起：陈豫侠、肖庆林、田秀臣、洪均生、李经梧、雷慕尼、李中荫、邓捷，三排右一冯志强、右二陈小旺，前排右一马虹，右二至右八均为李经梧弟子。

李经梧 1982 年与吴式太极同门师兄弟合影，左起：翁福麒、冯士英、王辉璞、王培生、李经梧、戴玉三、郑时敏、李秉慈。

发展太极拳运动
增强人民体质

李德生

原中顾委常委、中国武术协会名誉主席
李德生同志1992年8月为本书题词

繼承發展太極拳
為人民健康服務

一九九二年五月 張文廣

原中国武协副主席、北京体院教授
张文广为本书题词

祝贺经梧同志新作出版

弘扬武术

造福人民

李天骥

年五月

原国家体委武术顾问、中国武协

副秘书长李天骥为本书题词

# 目录

# 编者前言

1993年7月由河北大学出版社发行了《李经梧传陈吴太极拳集》一书。这本书收入了李经梧老师学习并传授的陈式和吴式太极拳械的主要套路，内容有陈式太极拳一路和二路（炮捶）、吴式太极拳、剑、刀以及太极推手，同时也收入了太极拳经典辑要和李老师珍藏《太极拳秘宗》拳谱摘要以及入室弟子、再传弟子名录。该书是李经梧老师生前过目并担任主编的书，无疑具有重要的文献价值。不过，由于多方原因，该书发行不广，广大读者很少看到这本书。加之该书初版距今已过去了快20个年头，坊间则几乎稀有了。鉴于太极拳界和广大爱好者的要求，当代中国出版社拟继《大道显隐——李经梧太极人生》（2007年）和《李经梧太极内功及所藏秘谱》（2010年）二书之后，再改版推出《李经梧传陈吴太极拳械集》一书。我们经考虑，觉得也有必要：一是此书是较全面介绍李经梧老师师承传授拳术套路的权威著作，坊间已无此书，修订再版可以以广传布，于太极拳界研究和爱好者学习皆有裨益。二是此书厂肆已发现有盗版流传。该原版书印制粗糙、错讹极多，颇不利于阅读学习，故很有校订、增补出版之必要。三是今年是李经梧恩师100年冥诞，修订再版此书恰为对老师的最好纪念。此次改版书名易为《李经梧传陈吴太极拳械集》。

李老师毕生研习太极拳功，一生献给太极拳事业，传功育人，德艺双修，深孚众望，但他淡泊名利，述而不作，常自谦抑，每以只上几年私塾而不长于文为由，极少著述。甚至连拳照、录像也不拍录。1993年出版该书，也是经弟子敦促特别是弟子梅墨生之劝说，始克同意。这本书是经过李老师亲自审定而出版的。但是由于当时出版仓促，编辑、校对疏忽，书中技术性、文字性错误不少，此次再版经我们认真校对，改正了不少误、漏、错、空字，尽量弥补了缺憾。另外，此次改版保存了原中顾委常委、中国武协名誉主席李德生、著名武术家张文广教授、原中国武协副秘书长李天骥的题词，改换了前面的彩色与黑白附图。也保存了武术名家王培生、冯志强、门惠丰、李德印、李秉慈诸先生序言。由于《太极拳秘宗》以及太极内功内容已在前二书中收入，所以此次改版予以删除，也删除了《太极拳经典辑要》内容。不过，特别在第七章“太极推手”部分补入原版没有的“活步推手大捋”，增加了第八章“太极杆、太极粘杆”内容，所以比原版内容更加丰富。在附录部分又增加了“太极先贤轶事”和“仰之弥高、俯之弥深——记秦皇岛市武协主席李经梧”二文以及李经梧老师传人名录。此二文分别发表于《武当》杂志（2011年）和《中华武术》杂志（1988年），希望对于读者了解太极前辈和李经梧老师或可以广听闻，增益兴趣。

关于陈、吴太极拳的拳、械传承，似也有必要交待几句。李经梧老师的吴式太极拳械，开门师为王茂斋、吴鉴泉二宗师的共传大弟子赵铁庵，后又拜入王茂斋宗师弟子杨禹廷门，也曾得到王师祖儿子王子英的悉心指点，堪称嫡传，拳、械套路系统而全面。此编唯独未收入“抖大杆子”内容，余则全部收入。李经梧老师的陈式拳，直接师承于陈发科宗师之正脉，追随陈师爷十有四年，深得陈师喜爱。直至陈发科去世，李师并牵头为陈发科办理丧事（此事李师生前从不对外言及）。李师为陈发科晚年代表弟子，尽得传授。1982年陈式拳同门在北京相聚，洪均生先生曾亲口当面对李经梧老师说：我1956年赴京向老师（陈发科）印证拳术，时老师已中风偏瘫。我不胜唏嘘，又因自己多年离京，不在老师身边，便向老师询问：将来谁能传您的拳？陈发科答曰：那就是李经梧。洪先生于是第二天早晨去公园看李经梧，但因李老师正教拳，洪先生又急回济南，便未打扰而走了。但李师生前言及陈发科只练两套拳，从未见他练器械（偶抖大杆）。陈发科家中悬挂一把大刀，由于常年不动，尽是灰尘。如实披露此一史实，只是据实记史，供世人研究。太极拳之产生、形成、发展，迄今迷雾重重，真伪混杂，许多真实或隐于历史万象中，我们只能期待后人不断发现探究之。当年胡适博士提出“整理国故”，而今，国故、国学、国艺、国术之类的“国粹”其命运若何？必先“保护”而后可矣！

特别要说明，1993年版《李经梧传陈吴太极拳集》的编辑出版工作吕德和弟子朱泽建付出不少劳作；当年诸位师兄弟也对出版该书多方支持，借此机会一并致谢！此次出版的李经梧传人名录，略有增加，有些同门一时联系不便，未能收入，谨希理谅。同时，再次感谢当代中国出版社以及柯编辑的细心工作。

原来曾考虑改拳照画图为照片，但由于李老师生前只有陈式拳照，也就尽依原貌了。本书之出版可与《大道显隐》、《李经梧太极内功及所藏秘谱》合参，深入全面地了解李老师其人其拳其功以及相关物事历史。也衷心期望本书之出版，能为后人提供一份有价值的武术文献。

王大勇、吕德和和梅墨生分别是李经梧老师六、七、八十年代的弟子，特别是王、吕二位较全面地学习了李老师的拳械功夫。李树峻又为李老师次子，得到家传。此次整理重编此书是又一次的学习过程。但由于我们功夫有限、水平不够，错误和不足之处则在所难免，仅作如上交待和说明，希望得到读者高明的指正。

二〇一二年正月初一

# 原序一

中华武术，历史悠久，源远流长，经过长期的发展，形成了多种多样、风格不同的拳术。归纳言之，总不外乎缁徒、黄冠两派流传，一指少林，一指武当。少林和武当两派大师把武术推到一个新的高峰。由于形意拳、八卦掌、太极拳都具有以意念为主要的特点，故称之为内家。

天下之武术，源自一家，虽门派各异，卒致殊途而同归。盖知凡艺事之途，各有所择，全凭意造有法。譬如形意拳，本五行生克之理，而指挥身形进退和动作之变化，有能力获胜，故称直动；八卦掌系出手交十字、迈步必循圈，与敌搭手，如鱼撞网，犹如万花筒里的小碎块玻璃，一动即变，所谓动则变、变则化、化化无穷，故称之为变动；太极拳忌犯双重之病，一举动，使敌看得见、摸不着，招招落空，故称空动。直、变、空三种不同之动法，其起源系由虚无兆质、两仪固一开根，四象不离二体，八卦本五行，如金、木、水、火、土，五行相克，给人带来危害。若以金、木、水、火、土五行相生之元炁，则皆成有利之事。五行即五脏之中，脾胃属土，位居中央，其色本黄，上连心，下通肾，左升肝，右降肺，居中央而溉四旁。脾土司运输，对上下为和，济水火之机，左右做平衡金木之轴，是人体气机升降之枢纽。

《庄子》曰："吹、呴、呼、吸，吐故纳新，熊颈鸟伸，为寿而已”，“意乃吹冷呼而吐故，呴暖吸而纳新。如熊攀树而可以自悬，类鸟飞空而伸其脚也”。强体健魄、益寿延年之妙法，在于动静相兼，即“拳禅一如”而促人身三宝（精、气、神）真如，方能永葆青春。

太极同门弟兄李经梧君，为人正直，和蔼可亲，尊师敬长，崇尚武德。于40年代经友人引荐与陈式太极拳宗师陈发科（字福生）相识，后纳为入室弟子。遂经师口传身教，能获陈式拳之精华奥秘者，唯有经梧一人而已。与此同时，又蒙吴式太极拳教育家杨瑞霖（字禹廷）先师纳为入室弟子。

通过勤学苦练，并在数十年教学中，对于太极拳、械、剑、刀及内功等，心得体会，还有太极拳推手之经验，都是扎扎实实、真真切切、一丝不苟、不说虚语之保身法，现总结成书问世，实乃有利于太极拳爱好者进行深入研究。是为序。

王培生*

一九九二年三月二十九日

---

* 王培生，著名太极拳家，时任北京市吴式太极拳研究会会长。

# 原序二

一代宗师李经梧先生，自幼爱习中华武术，受过很多武林高手的传授，精通太极拳、内功、技击推手，一生从事武术事业，技艺造诣颇深，武德高尚。20世纪50年代初，已成名于京都。他的精湛技艺被同道称赞，传授弟子从不保守，对武术的发展、传播做出了积极的贡献。根据国内外武术爱好者的要求，为中华武术推向世界，造福人类，晚年著书立说，这是值得称赞的事情。陈式、吴式太极拳械套路、内功练习汇宗精选一书的出版，是武术读者的福音。它是一部集内功、技击推手、养生为一体的理想书籍。这部书是经梧兄数十年的研、练、用的积累；是道、武、医的结晶。这部杰作的问世，我想定能为人类的健康造福，为弘扬民族的武术文化起到积极的作用。

冯志强*

壬申二月

* 冯志强，著名太极拳家，时任北京市陈式太极拳研究会会长。

# 原序三

《李经梧传陈吴太极拳集》一书问世，实为武术界一大喜事。

我青年时代，曾观李经梧老师练拳，身躯魁梧，功架浑厚潇洒，气度非凡。偶尔与我讲手，以为与童玩耍，实则口传身授，至今难以忘怀。李老无门户之见，多师博学，集各家之长熔为一炉。李老自幼习武，先学秘宗拳，后拜师于太极拳宗师赵铁庵、杨禹廷、陈发科等，悉心苦学，精通入化，深得太极拳真谛；陈式之刚发，吴式之柔化，杨式之舒展，孙式之灵巧，融各家之精华于一身，集而大成，盘架、推手，功深令人叹服。

李老不仅拳艺精湛，而且武德高尚，一向平易近人，虚怀若谷，不求闻达，一身“浩然正气”，泰然处事。50年代，国家体委派李老和李剑华老师合编《陈式太极拳》一书，本应李老示范拍照，但谦和不肯，推荐陈氏后代陈照奎师弟拍照图示，并亲自指导拳架。陈式太极拳头路书写完稿，因工作调动转交他人再版，只字不提李老名姓，武术界知者为之不平，李老却淡然一笑。这坦荡胸怀至今影响吾辈。

正当中华武术推向世界之际，李老师编著《李经梧传陈吴太极拳集》一书，我喜出望外，实为我中华武术增添异彩，必将丰富太极拳内容，推动太极拳运动的发展。我愿向国内外广大太极拳爱好者推荐此书。

门惠丰*

一九九二年五月七日

---

* 门惠丰，时任北京体育学院武术教研室主任、教授。

# 原序四

## 德艺双精　为人师表

经梧老师以八十岁高龄，将毕生钻研的太极拳整理成书，启示后者，我闻之十分振奋和钦佩。

经梧老师是我最尊敬的太极拳前辈之一。我第一次见到他的拳技，是1958年从“八一”电影制片厂拍摄的《简化太极拳》教学影片上拜识的。当时经梧老师已经是闻名全国，深得吴式、陈式太极真传的名家，在1956年全国武术表演大会上，与李文贞、牛春明、濮冰如诸高手荣获“金牌奖”。尽管我以前多次听叔叔（李天骥）介绍过经梧老师的拳艺和人品，但观摩之后仍深深为他那准确、端庄、洒脱的示范而折服。更使我敬佩的是，当时国家体委编写的简化太极拳刚刚推广，广大爱好者学习无门，不少人对太极拳简化心存疑虑，武术界也褒贬不一。经梧老师的教学示范自然对推进这一新生事物具有很大影响。特别是他打破门派偏见，热心于在杨式太极拳基础上改编的简化太极拳的教学，更难免会遇到非议。这种高瞻远瞩、博取广收、从善如流的武德风范，在当时是十分难能可贵的。

1959年，经梧老师调到北戴河气功疗养院工作，他又将平生所学太极拳、太极内功、针灸，施用于医疗实践，贡献给人民健康事业。60年代初，我国经济困难时期，我陪父亲（李天驰）拜访他时，亲眼看到他不顾其忧、不改其乐地孜孜不倦地学习，全心全意地教学和工作的感人情景。“十年浩劫”给经梧老师及其热爱的事业带来极大冲击，使他十分痛心。正因如此，他在浩劫过后加倍地忘我工作。1979年，我专程到北戴河向经梧老师学习陈式太极拳。在海边松林中，他对我耐心教导，循循善诱，亲自发力示范，充分体现了一位老武术家对年青一代的关怀与期望。同时，经梧老师又指示他的学生向我认真学新编的“四十八式太极拳”，殷切地对大家说：“我现在学不动了，你们不要错过互相学习的好机会。”

经梧老师不仅在拳艺上精益求精，而且政治上、事业上有高度的责任感。十多年来，我不止一次看到他不顾年迈参加河北省人大会议，带领学生参加全国武术大会。看到他壮心不已地为武术事业笔耕身耘，为一批批疗养员和求学者言传身教。这些都给人们树立了榜样，使他深受人们的爱戴。十一届亚运会期间，广西周树生同志担任了中国武术队教练，当他胜利完成任务后，并没有立即返回半年未回的家乡，而是奔赴北戴河向经梧老师报喜和求教。可见，经梧老师在学生的心目中具有多么大的影响和地位。

值此经梧老师著作出版之际，我谨记数语，以表对老师的祝贺和感激之情，并向读者推荐和致意。

李德印*

一九九二年六月于北京

* 李德印，时任北京市武术协会副主席，中国人民大学武术教研室主任、副教授。

# 原序五

李经梧师兄乃当今武术界名宿，太极拳、气功大师。余与经梧师兄五十余年前曾同门习艺，遂成忘年之交。兄自幼酷爱武术，始习秘宗拳十余寒暑，已得精奥。后辗转来京，得见武林名家荟萃云集，因之眼界大开。30 年代曾从王茂斋、吴鉴泉二位宗师共授高徒赵铁庵先生习吴式太极拳，尽得真传。赵师故世后又拜于吴式太极拳名家杨禹廷先生门下，盖慕杨师武德高尚，人品谦和，非唯学艺而已。经梧师兄当时任北平太庙太极拳研究会理事，为弘扬太极拳传统不遗余力，深感太极拳不独拳理精深，技法绝伦，且欲臻极境必以涵养性情化育品德为先。自入杨师之门，师徒相得，从此拳艺、武德一日千里，一时传为武坛佳话。故经梧师兄于而立之年已名满京华。时值陈式太极拳十七代传人陈发科先生在京传艺，经梧师兄又带艺求师，拜在陈发科先生门下，终成入室弟子，同门之中誉为白眉。太极拳推手独步一时，无出其右。

建国后由于国家提倡，太极拳运动风行中华大地，经梧师兄躬逢盛世，为普及太极拳运动不避寒暑，不计名利，竭尽悃诚，深孚众望。北京机关、工厂、企事业单位聘请授拳接踵而至。除亲临各单位授拳外，并在国家体委领导下为全国各省市培养了大量普及太极拳运动的师资。于 1956 年秋曾代表北京市参加全国武术观摩交流大会，经梧师兄表演吴式太极拳荣获金牌大奖。自此名扬全国。第一届全国运动会荣任大会武术裁判工作。

经梧师兄于50年代末应河北省北戴河气功疗养院邀请，任该院太极拳师与气功师。三十余年来为疗养员传授太极拳竭尽心力，得到他的传授而战胜疾病恢复健康者数以万计。经梧师兄为祖国医疗事业做出了极大的贡献，堪称功德无量。与此同时，他在繁重的工作之余又不知疲倦地培养下一代太极拳传人。入室弟子如今已有七十余人，遍及祖国各地。经梧师兄虽已年逾八旬，退休颐养，但仍诲人不倦，每日桃李盈门，有问必答，唯恐学艺不精，口讲身授不辞辛苦，见者无不钦仰敬佩。经梧师兄毕生致力于太极拳事业，精益求精，研练不辍，故拳艺已臻炉火纯青之境，应物自然，接手即发，所向披靡，可谓"四两拨千斤"。此乃太极拳术之最高境界，如今重见于世，实为稀世奇技。

今值经梧师兄应约出版《李经梧传陈吴太极拳集》之际，余忝列同门深荷荣光，绝技得传大放异彩；不唯武林增辉，亦必造福后世。谨以此序聊表仰止云尔。

同门弟　李秉慈*敬识

一九九二年于北京

* 李秉慈，著名太极拳家，时任北京市吴式太极拳研究会副会长。

# 第一章　太极拳基础知识

太极拳是我国宝贵的民族文化遗产，是我国武术众多流派之一。由于它完美的艺术造型，独特的技击趣味，以及它在医疗、保健、养生等诸方面的价值，决定了它的存在价值，这也是太极拳越来越受到广大中外有识之士的重视，普及面越来越广的根本所在。

“太极”一词源于《周易·系辞》，《庄子》亦谓：“在太极之先而不为高”，取义老子太极图。关于太极拳的起源和创始人，众说不一，大致有唐代许宣平，宋代张三峰，明代张三丰，清代陈王庭等几种不同的说法。这些说法的真伪有待史学家进一步考证。但就武术界公认的太极拳五大流派，即陈式、杨式、吴式、武式、孙式是一脉相承的，都源于陈式太极拳。其拳理原则无不含寓着深厚的道、儒家思想，甚至也有佛家内容，而且都把清代王宗岳的《太极拳论》奉为经典。尽管各式太极拳风格各异，但就其总体要求是统一的。都强调阴阳、中正、圆融、柔韧、松静、含蓄、连绵、朴实之原则，都崇尚以静制动、以柔克刚、以逸待劳、以心行气、以意贯劲，四两拨千斤之旨。

为了说明各式太极拳的脉络关系，列主要传递简表如下：

- 陈王庭（陈家沟陈氏第九世）
  - 陈长兴
    - 陈耕云
      - 陈延年
      - 陈延熙—陈发科
        - 陈照旭
        - 陈照奎
        - 李经梧
    - 杨露禅
      - 杨班侯—全　佑
        - 吴鉴泉
          - 吴公仪
          - 吴公藻
          - 吴英华
          - 赵铁庵
        - 王茂斋
          - 赵铁庵
          - 杨禹廷
          - （赵铁庵、杨禹廷）—李经梧
      - 杨健侯
        - 杨少侯
        - 杨澄甫
          - 杨振铭
          - 杨振基
  - 陈氏第十四世
  - 陈有恒
    - 陈伯甡
    - 陈仲甡
      - 陈　淼
      - 陈　垚
        - 陈椿元
        - 陈微明
      - 陈　鑫
    - 陈季甡—陈　森
  - 陈有本—陈清萍—武禹襄—李亦畬—郝为真
    - 郝月如
    - 孙禄堂
      - 孙存周
      - 孙剑云

## 练习太极拳要领

### 一、以意导动，不用拙力

人体的任何动作，都是意识支配的。练习太极拳的全部过程，也要求用意识引导动作，把全神贯注到动作中去。首先做到“松静”，即：使中枢神经“静”下来，周身肌肉关节放松下来。在运动中，身体各部位要保持中正安舒，举手投足，均要轻松柔和，不用拙力，不使僵劲，即所谓“用意不用力”，做到“神为主帅”，“神为驱使”，“以静御动”，“动中求静”。经久锻炼，即可收到“外示安逸，内含坚刚”，“意动身随”，手到劲发的锻炼效果。

### 二、虚实分清，轻灵稳定

太极拳的每一动作，都是在虚实变化中进行的。古人把虚实，用阴阳作代表。太极拳家在总结练拳经验中说：“一举动，周身俱要轻灵，尤须贯串。”只有分清虚实，才能稳定地把握身体重心，求得轻灵。因为每个姿势的变换，都贯穿着身法、步法、手法的虚实变化和身体重心的移动。如果虚实变化不清，进退变换就不灵，就不能达到“迈步如猫行，运劲如抽丝”轻灵沉着的境地。初练太极拳首先要弄清两腿的虚实变化，进而明了虚中有实，实中有虚，处处总有一虚实的深刻道理，只要一动，就分虚实，这也是“太极者，无极而生，阴阳之母也”的含义所在。

### 三、上下相随，动作协调

太极拳是一种使身体得到全面锻炼的体育项目，拳论中说练拳时要“一动无有不动，一静无有不静”，“由脚而腿而腰总须完整一气”，这些都是对周身协调、手足呼应关系所提的要求。打太极拳时要做到动作协调，上下相随，内外一体，身体各部位紧密配合，离开“以腰为轴”的作用是办不到的。腰为一身之主宰，腰一动周身俱动，否则全身劲力不整，不协调，会出现呆滞散乱的现象。

## 四、圆活自然，连贯柔和

太极拳架式平稳舒展，动作是以各种圆弧和曲线构成的，练起来灵活自然，衔接合顺，各式节节贯通，一气呵成，如行云流水，连绵不断，姿式没有忽起忽落的明显变化。在练拳过程中避免“缺陷处”、“凸凹处”、“断续处”和直来直去的现象。通过弧形动作锻炼，有利于体现圆活自然、柔和连贯的特点，使全身各部分得到均匀的发展，所以久练太极拳者，均有“流汗而不气喘”的体会，给人以轻松愉快的感觉。

## 五、动作呼吸，自然结合

太极拳呼吸深长细匀，通顺自然。初学太极拳的人，首先要注意保持自然呼吸，这就是说，在做动作时，练习者应照自己的习惯和当时的需要进行呼吸，该呼的呼，该吸的吸，动作和呼吸不要互相约束。

随着练功的时间增加，动作熟练，可以根据个人锻炼的体会和需要，在合乎自然的情况下，有意识地引导呼吸，使其更好地适应劲力与动作要求，按照“动之则吸，静之则呼”，“开吸合呼”的规律，使呼吸与动作自然结合，这与我们在生活、劳动以及其他运动中的习惯和生理需要是一致的。以前太极拳家总结出“全身意在精神不在气，在气则滞”和“以意行气，非以力使气”的经验。这就是说动作呼吸要力求自然协调配合，不可机械勉强。再就是动作呼吸要因人因势而异，不能强求一律。要保持呼吸的自然顺遂，不能违背呼吸的自然规律和“气以直养而无害”的原则，以免有害身体。

## 练习太极拳对身体各部位的要求

（一）头：头顶正直，用意虚虚领起，不要前俯后仰，左偏右斜，如悬于半空，术语叫“立顶”、“虚领顶劲”、“顶头悬”。下颌自然内收，口微闭，舌抵上腭与上齿之间，眼神随身体转动，注意前方或随手动。

（二）颈：自然竖立，肌肉不可紧张。

（三）胸：胸要含蓄，不可外挺，也不要过分内缩，应保持自然。含胸则能气沉丹田。

（四）背：背部肌肉自然放松，背要舒展拔抻不可弓背。含胸拔背是互相联系的，如是才能收到“来往气贴于背”、“力由脊发”的锻炼效果。

（五）腰脊：“腰脊为第一之主宰”，是力量之源。无论进退转换都离不开腰的作用，所以练习太极拳要求“松腰”，不可前挺或后弓，要保持“立身中正”，以保持在运动中运转灵活，重心稳定，发力完整。

（六）肩：保持松沉，切忌上耸，也不可后张前扣。

（七）肘：自然松垂，不可外翻或扬起，两臂自然弯曲，保持所谓曲中求直，蓄而后发之意。松肩垂肘两者联系紧密，否则气浮于上。

（八）臀胯：臀要敛收，谓之敛臀或溜臀。胯要松，以保持下盘稳定。

# 第二章　陈式太极拳第一路

## 关于动作图解的说明

1. 为使读者便于领会，图像和文字对动作进行了分解说明，但活动时应力求连贯。

2. 图中带有实线或虚线的箭头，是表示从这一动作过渡到下一动作的趋向和路线。带有实线的箭头表示右手或右脚的动作趋向，带有虚线的箭头表示左手或左脚的动作趋向。右手器械动作趋向用实线表示，左手器械动作趋向用虚线表示。

## 陈式太极拳第一路拳目

预备式（2 动）　　起势（1 动）

一　第一金刚捣碓（5 动）　　二　懒扎衣（5 动）

三　六封四闭（5 动）　　四　单鞭（3 动）

五　第二金刚捣碓（6 动）　　六　白鹤亮翅（4 动）

七　斜行拗步（7 动）
八　初收（2 动）
九　前蹚拗步（3 动）
十　斜行拗步（7 动）
十一　再收（2 动）
十二　前蹚拗步（3 动）
十三　掩手肱捶（7 动）
十四　第三金刚捣碓（6 动）
十五　披身捶（6 动）
十六　背折靠（2 动）
十七　青龙出水（5 动）
十八　双推手（4 动）
十九　三换掌（3 动）
二十　肘底捶（3 动）
二十一　倒卷肱（5 动）
二十二　退步压肘（3 动）
二十三　中盘（8 动）
二十四　白鹤亮翅（3 动）
二十五　斜行拗步（7 动）
二十六　闪通背（7 动）
二十七　掩手肱捶（7 动）
二十八　大六封四闭（5 动）
二十九　单鞭（7 动）
三十　云手（5 动）
三十一　高探马（4 动）
三十二　右擦脚（5 动）
三十三　左擦脚（1 动）
三十四　左蹬一根（2 动）
三十五　前蹚拗步（2 动）
三十六　击地捶（5 动）
三十七　翻身二起脚（2 动）
三十八　兽头势（3 动）
三十九　护心捶（3 动）
四十　旋风脚（6 动）
四十一　右蹬一根（3 动）
四十二　掩手肱捶（8 动）
四十三　小擒打（6 动）
四十四　抱头推山（4 动）
四十五　三换掌（3 动）
四十六　六封四闭（4 动）
四十七　单鞭（3 动）
四十八　前招（2 动）
四十九　后招（2 动）
五十　野马分鬃（7 动）
五十一　大六封四闭（6 动）
五十二　单鞭（3 动）
五十三　双震脚（3 动）
五十四　玉女穿梭（4 动）
五十五　懒扎衣（4 动）
五十六　六封四闭（4 动）
五十七　单鞭（3 动）
五十八　云手（5 动）
五十九　摆莲脚（2 动）
六十　跌叉（铺地锦）（2 动）
六十一　左右金鸡独立（8 动）
六十二　倒卷肱（5 动）
六十三　退步压肘（3 动）
六十四　中盘（8 动）

六十五　白鹤亮翅（3 动）
六十六　斜行拗步（7 动）
六十七　闪通背（7 动）
六十八　掩手肱捶（7 动）
六十九　大六封四闭（5 动）
七十　单鞭（3 动）
七十一　云手（5 动）
七十二　高探马（4 动）
七十三　十字摆莲（6 动）
七十四　指裆捶（4 动）
七十五　白猿献果（3 动）
七十六　六封四闭（2 动）
七十七　单鞭（3 动）
七十八　雀地龙（2 动）
七十九　上步七星（2 动）
八十　退步跨虎（3 动）
八十一　转身双摆莲（3 动）
八十二　当头炮（4 动）
八十三　第四金刚捣碓（5 动）
八十四　收势（2 动）

## 陈式太极拳第一路动作解说

### 预备式　2 动

1. 面南站立，身体自然直立，两脚并拢，两臂自然下垂，两手轻贴大腿外侧，精神集中，眼平视前方。（图 2－1）

2. 重心慢慢移向右腿，左脚虚静放松，向左轻轻分开半步，与肩同宽，随之重心均向两腿，脚尖向前。（图 2－2）

图 2－1

图 2－2

图 2－3

要求

外示安逸，内固精神，虚领顶劲，轻扣牙齿，下颌内收，含胸拔背，肩肘松沉，气沉丹田。

## 起式　1动

两臂向前平起，与肩高，与肩宽，手心向下，眼平视前方（图2－3）。

## 第一式　第一金刚捣碓　5动

1．身向右转，重心移于右腿，右腿下蹲，同时右脚掌外开45度，回收左脚，脚尖点地，两手同时翻掌向右后方，（或称左逆，右顺缠）眼看两手，胸朝西。（图2－4）

2．两手继续向右后方展平，高与肩平，两臂成弧形，掌心向右后方，手指舒展，同时提起左脚，以脚跟内侧向左前方铲出，脚尖翘起，眼看右手，左手低于右臂。（图2－5）

图2－4

图2－5

3．身向左转，左脚踏实，重心前移左腿，随之左掌逆缠下塌经腹前向前掤出，左掌高与肩平，右手随之收回右胯外，掌心均

朝前，眼看左手。（图2－6）

4．左手顺缠翻掌向上，划一小圈，收至腹前，同时右脚向前铲出（以脚掌铲地），右掌同时前推，掌心向上，左手翻掌心向里，合于右小臂上，右脚成虚步，眼看右掌。（图2－7）

图2－6

图2－7

5．右掌上提与肩平，左掌心向上收至腹前，同时右胯放松，提起右脚，脚尖自然下垂，右掌变拳随之落在左掌心内，右脚即向左脚旁落下震脚，两脚间距一拳许，眼看右拳，胸朝南。（图2－8、2－9）

图2－8

图2－9

要求

1．（动作2）两手向右后缠，与左脚前擦，要同步进行，身体重心仍在右腿，做到轻灵沉着。

2．（动作4）重心向左腿过渡，要保持圆裆，松胯，立身中正，右脚前铲时要划地一内弧，总之，要顺遂沉着，劲力清楚。

3．（动作5）右拳上起下落与右腿提膝震脚要同步进行，上下相随，震脚时要注意松沉力，用意沉气，松胯圆裆。

## 第二式　懒扎衣　5动

1．身体微左转，右拳变掌，随即左转一小圈，用腰摧动，两手合劲交叉于胸前，眼看右掌。（图2－10）

2．身体右转，左掌心翻向下，右掌心向外，同时向左右分开，右手经面门前划弧分向右侧，高于肩平，左手经腹前划弧分向左侧胯旁。眼看右掌。（图2－11）

图2－10

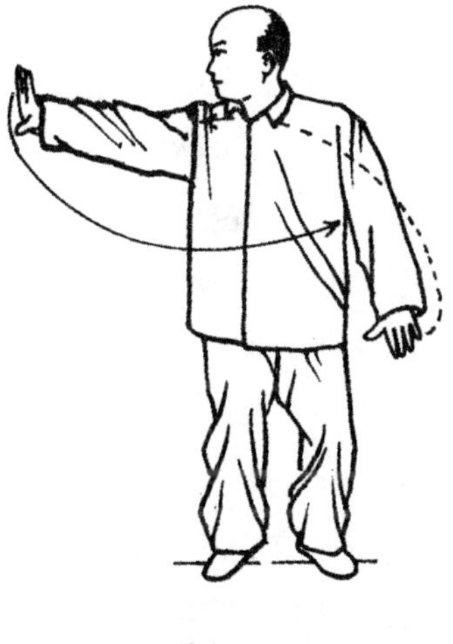

图2－11

3．重心轻移左腿，右掌划弧下落，左手外旋上划，两手胸前交叉相合，左手在上，掌心向右，右手在下，掌心向左，同时提起右脚，以脚跟内侧向右横铲地擦出，眼看两手，重心仍在左腿。（图2－12）

4. 身向右转，重心移向右腿，右小臂外转，掌心朝外，向右掤出，左手掌心向内，收至左腰间，五指微曲，扣在腰间，眼看右手。(图2－13)

图2－12

图2－13

5. 身体转正（胸朝南），松胯圆裆，溜臀，即按“三七步型”要求完成下肢动作，右掌坐腕，竖指，松肩，垂肘，左臂肘部有外撑之力，眼看右手。（图2－14）

图2－14

要求

1. （动作2）两手转换及重心的变换，用腰催动，两手各有外缠丝、内缠丝之意。

2. （动作3）两手内合与右脚铲地要同时进行，做到上下相随。

3. （动作5）三七步型亦称偏马步，是陈式拳主要步型。要求体中正，下肢承重腿七分力，脚尖外开45度，膝盖曲向足尖，另一腿三分力，脚尖向前，膝盖向外，向下撑出，完成时要做到松胯，圆裆，臀，全身放松，气下沉。陈式拳在演练过程中，每式均体现内劲催动四肢运行。

### 第三式　六封四闭　5动

1. 身微左转，重心移向左腿，同时带动右手下搬至腹前，左手随之松，腕上提至左胸部，手指朝下，眼看右手。(图2－15)

2. 重心向右移，右臂内旋上起向右前掤出，与肩高，掌心朝外，虎口朝下，左手随之合向右臂，掌心向里，虎口朝上，两手合住劲，向右前方弧形掤出，眼看两手，胸朝西南。(图2－16)

图2－15　　图2－16

3. 身体微左转，重心移向左腿，右手下塌外碾，经右腹前，翻掌向上，劲贯掌指，左手经腹前向左侧上方提起，拇指合于掌心，另四指斜向下垂，眼看右掌，胸朝南。(图2－17)

4. 身体微左转，眼看左手变掌，随即两手旋小臂，翻掌圈向耳旁，掌心斜向外。(图2－18)

5. 身向右转，重心移于右腿，两手合劲向右前方按出，与腰平手在前，左手在后，掌心均向下，眼随手动，同时拖带左脚掌擦地于右脚内侧，成丁字步。胸朝南。(图2－19)

图 2－17

图 2－18

要求

1．此式手的开合转动，均要以腰为轴，上体要中正，下肢要保持松胯，圆裆，勿前俯后仰。

2．每一动切记要“务令沉着”注意沉住劲，上下相随。

## 第四式　单鞭　3 动

1．身微右转，左掌前推，缠绕右腕，随即身向左转，左手翻掌收至腹前，右手在左掌前推时顺缠做钩，然后向右侧伸展，手指朝下，左脚尖随身体转动，左右碾转，开裆合裆，眼看右手。（图 2－20、2－21）

图 2－19

图 2－20

图 2－21

2．提起左脚，以左脚跟右侧贴地向左横铲地擦出，随之左脚尖外开，然后重心移向左腿，右脚尖内扣，眼看右手。（图2－22、2－23）

图2－22

图2－23

3．身体微右转，随即左转，带动左手自右上起，经胸前向左顺缠外划，翻掌心朝外，向左侧立掌，坐腕，舒指，腕与肩平。右手钩，同时微微向外撑开，两腿形成“三七”步，将身转正。即松胯圆裆，沉气。眼看左手。（图2－24至图2－26）

图2－24

图2－25

图 2－26

要求

此式的左右缠绕务必用腰脊为轴，带动四肢活动。这是陈式拳一要点，以后各式中不再重叙。

## 第五式　第二金刚捣碓　6 动

1．身微左转，重心移向左腿，裆要圆，同时两臂下沉，左手腕放松，左掌向左侧逆缠一圈，右手由钩变掌，随腰转动，向左顺缠划弧至左侧。掌心均朝东，眼看左手。（图 2－27）

2．身再向右转，重心移向右腿，带动两手自左经面门向右划弧至右侧，右手在上，腕如肩平，左手至胸前，掌心均朝右，眼看右手。（图 2－28）

图 2－27

图 2－28

3. 身体左转，带动左脚尖外开，并踩实左脚，向左腿移重心弓腿，左掌同时经腹前下划向前（东）掤出，掌心朝前，眼向前看，面朝东。（图2－29）

以下4、5、6动与第一式（图2－7至图2－9）相同，第二金刚捣碓面朝东。

### 第六式　白鹤亮翅　4动

1. 上式金刚捣碓后，身微右转，右拳变掌，随即左转，用腰催动两手交叉合于胸前，与第四式懒扎衣（图2－10）相同。

2. 身向右转，右掌转臂翻掌心向外，向右前方划弧，腕如肩平，左掌翻掌心朝下，向左下划弧分开，眼看右手，胸朝东。（图2－30）

图2－29

图2－30

3. 身体微左转，重心移向左腿，右手转臂翻掌向左下划弧，左手转臂翻掌向左上划弧，两手在胸前交叉，左掌在上，掌心向右，右掌心向左，同时右前方迈右脚，落脚跟，胸朝东，眼看两手。（图2－31）

4. 右脚踩实，重心前移，随即身向右转，跟上左脚，脚尖点地，于右脚旁，（丁字步）同时右手旋转翻掌向外，向右前方划弧分开，掌心向外，高与头平。左手向左下划弧至左胯旁，掌心向下，手指朝前，眼看前方，胸朝东。(图 2－32)

图 2－31

图 2－32

要求

1. 此式开合表现为，双手开时，双足合。双手合时，双足开。充分体现出欲合先寓开，欲开先寓合之特点。

2. 完成动作后，要松胯，圆裆，沉气。

## 第七式 斜行拗步 7 动

1. 身微左转，右手顺缠划至身前。右掌对准中心线，指与眼平，肘要里合，眼看右手。(图 2－33)

2. 接着右手划弧下按右胯旁，手心朝下，指朝前，左手转臂上划至正前方，手指与眼平，同时提起左腿，脚面放松，成右独立式，眼看左手（胸朝东）。(图 2－34)

3. 身体右转，右手由下向右后划起，展开与肩平，掌心斜朝右后方，左脚落地，以脚的内侧贴地向左前方铲出，脚尖翘起，

眼看右手，胸朝东南。(图2－35)

图2－33

图2－34

4．身体左转，重心左移，马步，同时右手翻掌心朝东，逆缠一小圈，左掌放松，手指指向右肘，眼看右手。(图2－36)

图2－35

图2－36

5．重心继续左移，两手经腹前划弧至左侧，右手至胸前，掌心朝左，手指如眼平，左掌腕部放松于左胯旁，指向北，掌心朝

下，眼看左手，胸朝东。（图 2－37）

6. 眼看左掌变钩，向上提起，腕如肩平，指尖朝下，右手掌放平，掌心朝下，眼看左钩手。（图 2－38）

图 2－37

图 2－38

7. 身体微右转，重心不动，右手经身前向右侧平划，两手左右分开，右掌心朝下，然后松胯，圆裆，气下沉。身体微左转，两肩下沉，右掌坐腕，立指，腕如肩平，胸朝东，眼看右手。（图 2－39、2－40）

图 2－39

图 2－40

要求

两臂的左右转动，都是以腰为轴来完成的，不是两臂的划动，

图2－39、2－40看起来是一样，其实不同，图2－39是右转的双开，图2－40是内劲的双合。肘下沉，气下沉，松胯，圆裆，最后也叫“归圆”，完成此式。

### 第八式　初收　　2动

1. 左钩手变掌，与右掌同时合于胸前，身微右转，左膝微里合，重心偏前，左掌在前，右掌合于左肘下，眼看左掌，面朝东。（图2－41）

2. 重心后移于右腿（成后坐步），两臂垂肘坐腕，提收左脚，脚尖自然下垂，眼看左手，胸朝东。（图2－42）

图2－41

图2－42

要求

两臂垂肘，坐腕要和提右腿协调一致。此式是独立步的合劲，要做到身体的中正，稳定。

### 第九式　前蹚拗步　3动

1. 接上式。两掌翻手下按，左手在前，左脚同时前踩落平，两掌有下按之劲，重心在右腿，眼看两掌，胸朝东。（图2－43）

2. 身向右转，两手由下向右后方划开，右手在上，与肩平。重心微后移，右掌心朝前，左掌心朝右，眼看右手，胸朝东南。(图2-44)

图 2-43

图 2-44

3. 重心前移，然后右掌经耳旁圈进，合于左小臂上，位于胸前。同时右脚向左腿收进，再向右前迈出弓腿（偏右马步），然后两掌左右分开，掌心均朝外，右掌与肩平，左掌稍低，眼看右掌，胸朝东南。(图2-45、2-46)

图 2-45

图 2-46

要求

1. 两掌合于胸前，要做到内劲不散，合住劲。

2. 左右分开后，要意贯两臂，前是合劲，后是开劲，不要有断续之处。

### 第十式 第二斜行拗步 7动

1. 重心左移，两手翻掌朝左，随身左转，左掌平划于左侧，右掌划至胸前，眼看两手。胸朝东。（图2－47）

2. 重心前移右腿，两掌旋转向右平划，掌心均朝右，右臂稍高，如肩平，左手在胸前，同时提起左脚回收，以左脚跟内侧向左前铲出。脚尖翘起，胸朝东南，眼看右手。（图2－48）

图2－47

图2－48

第3、4、5、6、7动作与第七式（图2－36至图2－40）相同。

### 第十一式 再收 2动

此式与第八式初收相同，可见图2－41、2－42

### 第十二式 前蹚拗步 3动

此式与第九式前蹚拗步相同，可见图2－43至图2－46。

### 第十三式 掩手肱捶 7动

1. 接上式前蹚拗步后，重心移左腿，两手同时下落两侧，右

掌然后翻掌向上，半握拳，眼看右手，胸朝东。（图 2－49）

2. 重心移于左腿，身微左转，随转体和重心左移同时右掌变拳顺缠胸前，左掌内扣，合在右小臂上，左掌心朝右，同时提起右腿，眼看两手，胸朝东南。（图 2－50）

图 2－49

图 2－50

3. 两手下沉，同时右脚随着沉气，松胯落地震脚，然后左脚同时提起向左前铲地擦出，脚尖翘起，眼看两手，胸朝南。（图 2－51）

4. 左脚铲出后，重心左移，马步，两手左右分开，左手向左前方捌出，掌心朝前下，右拳顺缠腰间，拳心朝上，眼看右拳，胸朝东南。（图 2－52）

图 2－51

图 2－52

5. 身微右转，右拳顺缠向右后方展开，拳心向下，眼看右拳，要松胯，圆裆，左手的掤劲不断。(图 2－53)

6. 右拳不停，顺缠外划收至胸前，合于左掌之上，身体微左转，胸朝东南，眼看拳。(图 2－54)

图 2－53

图 2－54

7. 右拳于左掌之上后，身体下沉，放松，蓄劲，重心左移，右腿微曲，同时右拳向东南迅速发力打出，拳心随之转向下，左拳也迅速收到左腰间，眼看右拳。(图 2－55)

要求

1. 此式的掩手肱捶，是陈式拳的一个有代表性的发力动作，像开弓样，有蓄有放。前几式如图 2－49 至图 2－53 是开弓，也是蓄劲。图 2－54、2－55 就是放箭，也是发力。

2. 蓄劲要蓄得满，放箭要放得有力、干脆、迅速。要做到节节贯串，周身一家。拳论讲："力由脊发"，发劲如放箭。

3. 掩手肱捶，以右拳为主，左肘向后发力分开，一是为了保持身体平衡，二是击打后边来人。

## 第十四式　第三金刚捣碓　6 动

1. 身微右转，右拳变掌内收，眼看右掌，面朝东南。（图 2－56）

图 2－55

图 2－56

2. 身向左转，右掌向前推进，左手按在右小臂内侧，（身体的转动带动右掌前按）重心不变，眼看右掌，胸朝东。（图 2－57）

3. 身向右转，重心右移，扣左脚尖，同时右掌顺缠，向右上划开，腕如肩平，左掌转臂向左下划开（胯旁），胸朝南，眼看右手。（图 2－58）

图 2－57

图 2－58

4. 右手下划前推至腹前，左手转臂前上划与右臂交叉相合，右掌在下，掌心朝前，左掌心朝里，同时重心移于左腿，右脚以脚掌着地，里划一圈，再向前点地，胸朝南，眼看右掌。（图 2－59）

第5、6式与第一式金刚捣碓（图2－8、2－9）相同。

## 第十五式　披身捶　6动

1. 金刚捣碓之后，两臂放松下沉，同时拳变掌，两手左右分开，手指下垂，掌心朝里，眼看右掌。(图2－60)

图2－59

图2－60

2. 两掌同时上划左右分开，与肩平，掌心朝前，眼看右掌。(图2－61)

3. 重心移向左腿，右腿提起以脚跟内侧向右铲出，然后重心右移，变成马步，同时两掌向胸前顺缠交叉相合，左手在外。眼看两手，胸朝正南。(图2－62)

图2－61

图2－62

4. 身向右转，重心微右转，两掌变拳，右拳立起，拳心朝里，高与眼平，肘要曲，左拳放平，横于胸前。拳心朝里，眼看右拳。（图 2－63）

5. 重心左移，侧弓腿，右膝要放松微曲，身向左转，两拳向左平划半圈，意在拳脊，（左拳朝东）眼看左拳。（图 2－64）

图 2－63

图 2－64

6. 重心右移，侧弓腿，两拳随转身向右平划，左拳横于右胸前，拳心朝里，右拳随转至右侧（西），眼看右拳。（图 2－65）

要求

1. 此式是由金刚捣碓合劲转变为双开劲的，然后又转双合劲。这种开合之间，要注意两手的虚实和两足的虚实，尤其是手与足的配合。

2. 在左右的转变过程中，都要有掤劲，以腰为轴，带动四肢运动。

### 第十六式　背折靠　2 动

1. 上式右拳至右侧之后，重心左移，身向左转，左拳随之撑于左腰间，右拳随转身翻拳心朝前，以拳背向左收于头前，眼看左肘，胸朝东南。（图 2－66）

2. 接着身向右转，以腰带动左肘向前折靠，右拳横于头前，

拳心朝外，右弓腿，胸朝西南，眼看左肘。（图 2－67）

图 2－65

图 2－66

要求

两臂的转、靠、折，皆以腰为轴。右臂在头上要有外掤劲，表现出背的靠劲来。这一式的完成可发明劲，也可发暗劲。

### 第十七式　青龙出水　5 动

1. 重心后移左腿，右拳下落于身前，拳心朝上，眼看右拳，胸朝西南，左拳于腰间不动。（图 2－68）

图 2－67

图 2－68

2. 左拳由腰间上划一小弧，落于右大腿之上，拳心朝里，右

拳外划一圈至右耳旁，眼看左拳。（图 2 –69）

3．左拳向前弹放开，掌心翻向前，眼看左掌。（图 2 –70）

4．右拳下落于左腕部，两手合住劲，气下沉，胯要松。（图2 –71）

5．身微左转，裆下沉，右拳突然向右前下发力，掤出。拳背朝西南，左手同时握拳，在右拳发力的同时迅速收回左腰间，眼看右拳，胸朝西南。（图 2 –72）

图 2 –69

图 2 –70

图 2 –71

图 2 –72

要求

此式要将全身各关节放松贯串起来，腰脊带动两臂和周身开合，上下左右运动，此式的发劲称之为掤劲，也可称之为寸劲。

### 第十八式　双推手　4动

1. 身微左转，带动右臂微曲合于腹前，重心移于左腿，拳心朝里，左拳在腰间微自上而下划一小圈，眼看右拳。（图2－73）

2. 两臂向上旋转右掤，右拳心转向外，左拳心朝里，与第三式（图2－16）相同，接着重心左移，身向左转，同时右臂顺缠向左下推掌，同时左脚尖外开，右脚以脚掌着地，内划一弧向前点地，（东南）左拳同时变掌收至左腰间，掌心均朝上，胸朝东南，眼看右手。（图2－74）

图2－73

图2－74

3. 身体继续左转，两手转臂翻掌圈至两耳旁，掌心斜朝前，右脚前迈步落平，眼看前下，胸朝东南。（图2－75）

4. 重心前移右腿，左脚收至右脚旁，脚尖点地，两手合住劲向右前方按出，与胸平，掌心朝前下，两手虎口相对，胸朝东南，眼看两手。（图2－76）

要求

1. 此式接上式发劲后，相连不断地缠转开合，动作（2）的转身前推是腰与肩、两肘、两掌的相合由脊背催动右臂完成的。

2. 动作（3）双手顺缠上托，要产生出合劲，为下一式双推手蓄住劲。

### 第十九式　三换掌　3动

1. 身微右转，右掌顺缠收于胸前，掌心朝下，左掌逆缠向前平伸，掌心朝上，两臂内合，眼看两掌。（图2－77）

图2－75

图2－76

图2－77

2. 然后身微左转，左膝外开，同时右掌前推掤出，掌心朝下，小臂要曲。左掌随之转身收至腰间，掌心朝上，眼看右手。（图2－78）

3. 身体再右转，左膝内合，右掌顺缠收至腹前，左掌经右臂上侧前推掤出，此式与图2－78相同，只是左右手相反，眼看左掌，胸朝东。

要求

1. 三换掌，两掌的前后推收，动作要圆活，是腰胯的转动带动两手前后旋转开合。

2. 两拳开合转动时左脚尖点地随腰碾转，左膝也随转体转动开合。

### 第二十式　肘底捶　3动

1. 此式与上式紧密相连，不间断，最后三换掌完成之后，两

手微收，右掌前伸于左小臂之上，掌心朝上，左掌心朝下，眼看两掌。（图 2－79）

图 2－78

图 2－79

2．两手左逆右顺，左手向左侧下划，右手向右上分别展开，身微左转，左膝随着转身向外开，眼看左手。（图 2－80）

3．身体右转，左手由外划至身前，曲肘立掌，右掌顺缠里合变拳合于左肘之下，左膝也同时随转身里合，胸朝东，眼看左掌。（图 2－81）

图 2－80

图 2－81

要求

此式与上式紧密相连，左膝的碾转开合是和两掌的变化、腰胯的转动相连的。因此表现出“一动无有不动”，保持立身中正，虚领顶劲，气沉丹田。

## 第二十一式　倒卷肱　5动

1. 右拳变掌合于左小臂上，两掌心均朝上，眼看两手。（图2－82）

2. 然后左掌经身前逆缠划至左下方，掌心朝下，右掌顺缠划弧至右侧上方与肩平，手指向北，掌心朝外，同时左脚提起落平，紧托地面，朝侧后方划内弧展开（西北），重心偏于右腿，胸朝东，眼看左掌。（图2－83）

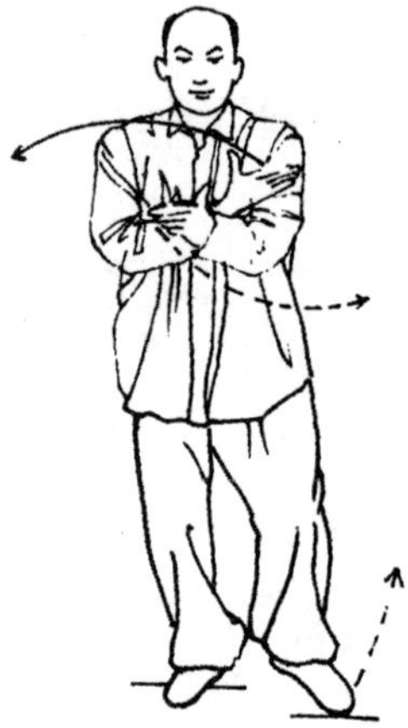

图2－82

图2－83

3. 重心后坐左腿，同时左掌由下而上顺缠划至左耳旁，掌心朝右前方，右掌顺缠合至胸前，掌心朝上，两臂有内合之劲，眼看右掌，胸朝东。（图2－84）

4. 右脚全脚掌着地，内划弧向右后方展开（西南）。同时左掌逆缠内划弧向左前方划开，高与肩平，掌心朝斜前，右掌在胸前与前划的左小臂下交叉划弧而过，至右侧后方，手心朝下，眼

看右手，胸朝东。（图2－85）

图2－84

图2－85

5．第三个倒卷肱与第二个相同。（图2－86、2－87）

图2－86

图2－87

要求

1．此式是连续不断的后退步动作，根据“进退需有转换”的要求，在退步过程中又有一个双合的姿势和内劲转换的过程，这样成为退中有进，进退自如，体现出支撑八面的特点。

2．在两手合开时，要与向后拖步的腿协调一致，上下要相呼应，塌住劲。

## 第二十二式　退步压肘　3 动

1. 身微右转，同时左臂合于腹前，掌心朝里，眼看右掌，胸朝东。（图 2 – 87）

2. 然后再微左转，同时右小臂顺缠合在左小臂之上，重心同时后移左腿，两臂有内合之意，眼看右掌，胸朝东。（图 2 – 88）

3. 重心移于左腿之后，右脚跟抬起，以脚掌贴地内划弧经左脚里侧向右后方落地，（以脚跟震地）并重心后移右腿（马步），同时左掌由里向外翻沉，掌心朝下，右掌手指扣于腹前，面朝东北，眼看左掌。（图 2 – 89）

图 2 – 88

图 2 – 89

要求

此式是个退压动作，两臂环抱时要内合，也是蓄劲。退步震脚与左掌翻压要协调一致，形成开劲。

## 第二十三式　中盘　8 动

1. 身体由东北转向东南，步形不动，裆要开沉，眼看右掌。（图 2 – 90）

2. 身体由东南再转东北，两掌左右分开，左掌分至左侧，掌

心朝前，如肩平，右掌回抽右腰间，眼看左手。（图 2－91）

图 2－90

图 2－91

3. 右掌由腹前伸开合于左肘下，左掌也同进微沉，重心前移，眼看左掌，胸朝东北。（图 2－92）

4. 重心后移右腿（坐步），两掌同时下探于小腹前，眼看两手。（图 2－93）

图 2－92

图 2－93

5. 重心再前移左腿（弓腿），左掌以小臂外翻向左肩外侧劈出，拇指微扣，虎口朝外，右掌收至右胯旁，眼看左掌，胸朝东北。（图 2－94）

6. 左脚尖外开，身体微左转，右掌由下而上外划弧合于头

前，同时提起右腿，脚尖自然下垂，左小臂落于腹前，掌心朝上，眼看右手，胸朝东北。(图 2 –95)

图 2 –94

图 2 –95

7. 右脚落于左脚旁，先以脚尖点地，紧接着脚跟蹬地震脚，重心同时移至右腿，左脚马上提起向左侧后方落步，（西北）重心左移，成马步。两小臂交叉于胸前，面朝东北，眼看两手。(图 2 –96)

8. 身体中正下蹲，裆要开，胯要松，两小臂同时下落，然后再左右分开，左手向前左上提，拇指内扣腕如肩平，指尖朝下，右掌收回右膝外侧，掌心朝下，胸朝东北，眼平视前方。(图 2 –

图 2 –96

图 2 –97

图 2－98

图 2－99

97 至图 2－99）

要求

中盘下蹲时，要立身中正，裆要大开，下蹲裆不可低于膝，不然就要失去重心，要保持意气鼓荡，神贯顶，肩与胯要合，手与足要合，肘与膝要合。（外三合）

### 第二十四式　白鹤亮翅　3 动

1. 身体左转，右脚收起，脚尖点于左脚内侧，同时右掌转臂经腹前向左上方合，掌心朝上，左掌下落，与右小臂相合，掌心朝下，胸朝北，眼看两手。（图 2－100）

2. 身向右转，右脚向东南方向迈步，以下与第六式白鹤亮翅相同。见图 2－31、2－32。

### 第二十五式　斜行拗步　7 动

此式与第七式斜行拗步相同，见图 2－33 至图 2－40。

### 第二十六式　闪通背　7 动

1. 动作说明与第八式初收 1 相同。（图 2－101）

图 2－100

图 2－101

2. 重心右移，以右脚跟为轴，身体向左后转（胸朝北），左脚随转体弧形收回，脚尖点于右脚旁，同时两臂围合抱在胸前，左掌在外，掌心贴于右小臂上，右臂在里，掌心朝外贴在左小臂上，两臂要有外撑之意，胸朝北，眼看两手。（图 2－102）

3. 两掌左右分开，左掌拇指内扣曲腕，掌心朝里，右掌分开，掌放平，掌心朝外，眼看左手。（图 2－103）

图 2－102

图 2－103

4. 以右脚跟为轴，身体右转，以左脚尖点地旋转，重心移于右腿，右脚尖外开东南，同时左掌顺缠随转体向前按，掌心朝前，立掌，右手下落腹前，然后翻掌心朝上，胸朝东，两手上下合住劲。眼看前方。(图 2－104)

图 2－104

图 2－105

5. 左脚向前迈一步，弓腿，同时左掌由上而下经胸前划弧下采左胯旁，掌心朝下。右掌由下而上经胸前与左掌下落时交叉向前伸出，掌心朝上，手指与喉平，眼看右掌，胸朝东。（图 2－105）

6. 身体右转，右掌内划半圈至右耳旁，掌心斜朝前，同时带动左脚掌内扣，左肘微有外撑之意，胸转向东南，眼看前方。(图 2－106)

图 2－106

图 2－107

7. 身体迅速右转，右脚掌贴地，随转体内划弧，以脚跟蹬地落下，同时右掌顺缠划弧下採于右胯旁，掌心朝下，左掌曲臂上起，掌心翻向里，经耳旁向前下发力击出，腕低于肩，方向西南，眼看左掌。（图 2－107）

要求

1. 此式要完整一气，尾闾中正，神贯顶尤为重要（图 2－104）。左脚前上，与右掌前伸要一致。图 2－106 的转动是发力前腰脊蓄劲。图 2－107 是蓄劲后的发力，发得要整、要脆。

2. 右脚的铲地震脚，要与右手下按、左手的前发力一致。

### 第二十七式　掩手肱捶　7 动

此式与第十三式相同，可见图 2－50 至图 2－55，只是方向不同，此式掩手肱捶胸朝西，拳朝西北。

### 第二十八式　大六封四闭　5 动

1. 掩手肱捶后，身体微左转，左拳在原地旋转半小圈，右拳下搬裆前，两手形成合劲，眼看右拳。（图 2－108）

2. 身微右转，重心移于右腿，同时两臂向右旋转，前掤，合住劲，两拳同时变掌，右臂在外，掌心朝前，左掌心朝里，胸朝西北，眼看两手。（图 2－109）

图 2－108

图 2－109

3. 身体左转，右脚外开 45 度，重心全部移于左腿，右脚向前提起（正西），同时右手顺缠下塌外碾，掌心朝上，左手下落上提，拇指内扣，五指下垂，胸朝南，两手各朝东西，眼看右手。(图 2－110、2－111)

图 2－110

图 2－111

4. 然后身体左转，右脚前迈一步，同时两手顺缠至两耳门，同第三式（图 2－18）相同。

5. 与第三式（图 2－19）相同。

## 第二十九式　单鞭　7 动

此式与第四式相同，见图 2－20 至图 2－26。

图 2－112

## 第三十式　云手　5 动

1. 单鞭后，身向右转，重心移于右腿，左掌下落经腹前右划，掌心朝右，眼看右钩手。(图 2－112)

2. 接着重心左移，身向左转，左掌随翻掌心朝前，向左侧上划与肩平，右手同时变

掌，随左掌同时左划与胸平，两掌心均朝外（东南），同时回收右脚并步，胸朝南，眼看左手。(图2－113)

3. 身右转，重心右移，两掌外旋，（掌指朝东，掌心朝外）左掌微下落，低于右掌，两掌继续右划（右掌与肩平），同时左脚向左侧方横跨一步，眼看右掌。(图2－114)

图2－113

图2－114

4、5动作重复。(图2－113、2－114)

### 第三十一式　高探马　4动

1. 身向左转，左脚尖微外开，重心左移，右脚向外（南）跨半步。同时两臂交叉合于胸前，右臂在外，掌心均朝前。面朝正东。(图2－115)

图2－115

图2－116

2. 然后两臂微合下沉，随着两手逆缠左右分开，低于肩，掌心斜朝下，两臂展开之后，重心微右移，裆要撑圆打开，眼看左手前方，胸朝东南。（图 2－116）

3. 身左转，内扣右脚，右手上划圈于右耳旁，掌心斜朝前，左手顺缠掌心朝上，眼看左手，胸朝东。（图 2－117）

4. 重心移于右腿，左脚收回脚尖点地于右脚旁（丁字步），同时身向左转，左掌曲臂收回左腰侧，掌心朝上，右掌顺缠向前推出，掌心朝下，腕与胸平，眼看右掌，胸朝东。（图 2－118）

图 2－117

图 2－118

要求

当两臂相合交叉胸前，胯要放松，微沉，两臂要合住劲，意气下沉是开劲前的蓄劲，两臂左右打开，意由脊发贯至两臂。圆裆、开胯要有支撑八面之势。

### 第三十二式　右擦脚　5 动

1. 高探马之后，右臂下搌至腹前，手指朝下，左手自腰间逆缠一小圈，掌扣在胸前，虎口斜朝下，眼看右手，胸朝东。（图 2－119）

2. 身微右转，同时两手左逆右顺，左手合于右小臂内侧，向

前旋出，右臂微低于肩，掌心朝外，左掌心朝里，指尖朝上，眼看右掌，胸朝东。（图 2 – 120）

图 2 – 119

图 2 – 120

3. 身微左转，同时左手经腹前向左侧后方划开，掌心朝上，右掌顺缠微下沉，掌心朝左，眼看左手，胸朝东北。（图 2 – 121）

4. 身微右转，左手由上划，与右小臂相合交叉于胸前，左小臂在上，掌心朝前，右掌心斜朝上，同时左脚向前横迈一步，脚尖外开 45 度，胸朝东，眼看两手。（图 2 – 122）

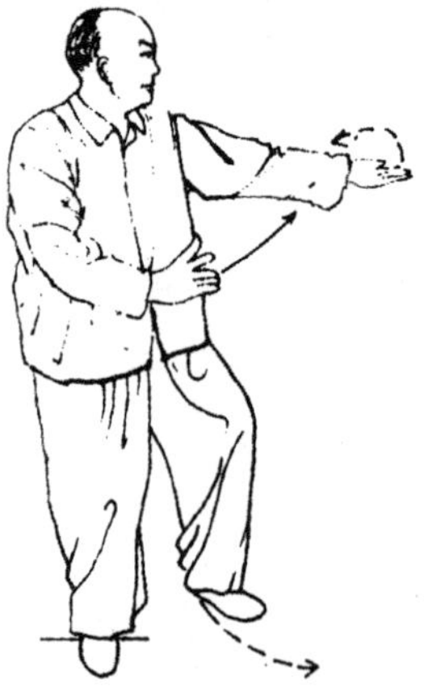

图 2 – 121

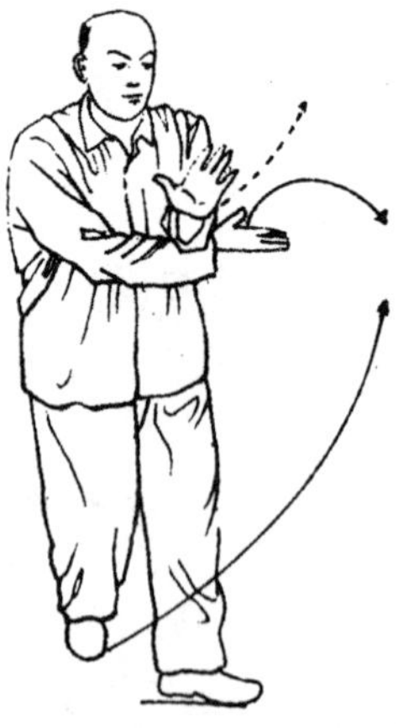

图 2 – 122

图 2 – 123

5. 重心移左腿，右脚面绷平，向右前上方踢出，同时两手上划弧左右分开，右掌击打右脚面，左掌也随之向后下击。两臂与肩平，眼看右掌，胸朝东。（图 2 – 123）

要求

两臂左右分开，右脚前踢，要稳定重心，两臂的击打力要平均，保持中正安舒，击打脚面要有声。

### 第三十三式　左擦脚　1 动

右脚收回落下，脚尖外开，东南踩平，同时身体右转，重心右移，左脚抬起，两手下落合于胸前，然后两手再上起左右分开。同时左脚面绷平向左前上踢出，左掌击打脚面，右掌也随之向后下击，胸朝东，眼看左手。（图 2 – 124、2 – 125）

图 2 – 124

图 2 – 125

要求

与右擦脚相同。

## 第三十四式　左蹬一根　2动

1. 接上式，左脚收回提起，以右脚跟做轴，身向左后转135度，同时两手变拳回合于胸前，两拳面相合一起（也可两小臂交叉相合），胸转向西北，眼看两拳。（图2－126）

2. 然后左脚以脚跟为主向西发力蹬出，同时两拳经胸前向左右发力打出，拳眼朝上，眼看左拳，胸朝西北。（图2－127）

图2－126

图2－127

要求

在身体左转时要稳定重心，蹬脚和两拳左右发力要同时完成。劲要发得整，协调一致，要保持立身中正，神贯顶，以左脚左拳为主。

## 第三十五式　前蹚拗步　2动

1. 左脚收回前落（西），两拳变掌，重心移于左腿，右脚收回，再向右前迈步落下，右掌圈至耳门，再向胸前与左臂交叉相合，胸朝西，眼看两掌。此式与第九式相同，可见图2－45。

2．两掌左右分开，向右弓腿掌心均朝外，右掌与肩平，左掌稍低于肩，此式与第九式（图2－46）相同，胸朝西，眼看两手。

### 第三十六式　击地捶　5动

1．前两个式子与第十式第二斜行拗步（图2－47、2－48）相同，胸朝西北。

2．右掌握拳，两臂微左右分开，胸朝西，眼看左掌。（图2－128）

3．重心左移，（马步）左掌握拳逆缠半圈，拳心朝下，气下沉，胯放松，胸朝西，眼看左拳。（图2－129）

图2－128

图2－129

4．左拳顺缠半圈，拳心翻向上，重心继续左移，右拳经耳旁下落合于左腕上，拳心朝下，胸朝西北，眼看两拳。（图2－130）

5．重心继续左移，左弓腿，下坐，同时两拳交叉相错，左拳提收腰间，拳心紧贴身，右拳下探，拳心朝下，胯要下坐，右脚扣地落平，方向西北，眼看右拳。（图2－131）

要求

此式是叼住对方的手腕后，有一个下採提之劲。式子前俯中要保持“尾闾中正，神贯顶”，裆、胯要松、圆，顶要立提。

图 2－130

图 2－131

## 第三十七式　翻身二起脚　2 动

1．身体右转，重心再移左腿，左脚内扣，左拳由腰间划弧，小臂立起，拳心朝里，同时右拳外翻曲肘曲腕上举，以左脚跟为轴，身体继续右转，右脚随转体向外划弧至东。然后脚尖点地，右拳也同时下採，翻拳心朝上于右胯旁，重心在左腿，（左坐步）胸朝东，眼看前方。［图 2－132（一）、2－132（二）］

图 2－132（一）

图 2－132（二）

2. 右脚落平，重心前移，左脚向前踢起，同时两拳变掌逆缠，右手由后上划至前上，左手由上至下向后划与肩平，左脚尚未落地，右脚即蹬地跃起。右脚向前上踢出，脚面绷平。右掌向前迎拍右脚面，随之左脚落地，左掌向侧后展开，掌心朝后，胸朝东，眼看右掌。（图 2－133、2－134）

图 2－133

图 2－134

要求

1. 翻身二起脚，是一种弹跳动作，击地捶后的翻身转体要协调，右转身是右拳下采带动转体的。

2. 转身时要保持重心的稳定，胯松、意气下沉；劲不散。

3. 此式还有一种做法，就是迈步击右脚（不跃起），适合体弱年老人做。

## 第三十八式　兽头势　3 动

1. 右脚未落地，左脚再跃起，同时两手自左而上至右方划弧，随之右脚落地。左脚向左后（西北）落步，弓右腿，左膝放松，两掌随转体向右前方划，右腕如肩平，左手在胸前，胸朝东，两掌朝东南，眼看右掌。（图 2－135）

2. 身体左转，重心移至左腿，同时两掌变拳下落，左臂曲肘立拳，与肩平，右拳收于胸前。拳心朝里，同时收回右脚，脚尖点地，胸朝北，眼看左拳。（图 2－136）

3. 以右脚跟铲地向后擦出（南），同时两拳向前放劲发出（北），肘微曲，拳心均朝里，左拳高与肩平，右拳于胸前。胸朝北，眼看双拳。（图 2－137）

图 2－135

图 2－136

图 2－137

要求

1. 二起脚以后的再次跳跃，也可以先落右脚，再向左侧迈左脚，不用跃起，两种式子均可。

2. 此式有合、有开，合（蓄）要合得紧，开（放）要开得满，总之，要立身中正，神贯顶，力由脊发。

## 第三十九式　护心捶　3 动

1. 接上式，身向右转，重心移向右腿（马步），两拳向右平划，右拳划至右侧（东南），拳心朝北，左拳划至右胸前，拳心朝里，胸朝东北，眼看右拳。（图 2－138）

2. 右拳上划圈至右耳旁，裆要撑圆，拳心朝下，（马步）眼向前看。（图 2－139）

图 2－138

图 2－139

3. 右拳经耳旁下落胸前，拳心朝里，有外撑之劲，肘要垂，左拳心扣于腹前，（外撑）胸朝东北，眼看右拳。（图 2－140）

要求

护心捶节节贯穿，一气呵成，由内劲带动周身螺旋缠丝来完成动作，意气要饱满、充实。

## 第四十式　旋风脚　6 动

1. 身微左转，重心微移左腿，右拳下落于裆前，两拳有内合之意，胸朝东北，眼看右拳。（图 2－141）

图 2－140

图 2－141

2. 重心移右腿，两拳由下向右上摆与肩平，然后两拳变掌，右掌心朝外，左掌合于右腕部，掌心朝里，左脚尖翘起，胸朝东北，眼看两手。（图 2－142）

图 2－142

图 2－143

3. 左脚内扣（朝东），重心移于左腿，两手同时翻掌，左掌心朝下经腹前向左侧上方托起，如肩平，掌心朝后，同时提起右腿，脚面放松（左独立步）。右掌下落于右膝下，掌心朝前，胸朝东，眼看右手。（图 2－143）

图 2－144

图 2－145

4. 右脚正东前踩落下，脚尖外摆，（东南）两掌同时交叉合于胸前。胸朝东，眼看两掌。（图 2－144）

5．重心前移右腿，两臂左右分开，掌心均朝后，同时左脚自后向前上弧形里摆，左脚内侧与左掌相迎去。此时右掌划至正西，左脚、左掌正东，胸部朝南，眼看左掌。（图 2－145）

6．接着以右脚跟为轴，身体向右后转 180 度，胸朝北。随转体同时，两手由两侧交叉合于胸前，左臂在上，左脚也随转体自上而右落下（西），脚跟着地，重心在右腿，眼看两手。（图 2－146）

要求

1．旋风脚是独立内摆脚之式，要保持立身中正。左脚与左掌相击时转体要迅速，不可断劲。

2．左腿微弯曲由东扫至西，落下，与两掌交叉，相合要协调一致。

### 第四十一式　右蹬一根　3 动

1．左脚内扣，重心移于左腿，同时两掌左右分开，与肩平。胸朝北，眼看右手。（图 2－147）

图 2－146

图 2－147

2．身体微左转，右脚收回，脚尖点地于左脚旁，同时两掌再交叉合于腹前，左臂在上，眼看两手。（图 2－148）

3. 两掌变拳，两臂上提内合（蓄劲），右脚提起迅速朝正东以脚跟为主向前蹬出，（高与腹平）两拳同时向左右发劲击出，两拳与胸平，胸转向东，眼看右拳。（图2－149）

图2－148

图2－149

要求

1. 此式与第三十四式左蹬一根要求相同，不同点是一左一右。

2. 右蹬一根，在发动之前，首先蓄住劲（也就是两掌变拳上提），然后右脚与双拳同时发力打出，力要发得完整、干脆。

### 第四十二式　掩手肱捶　8动

1. 右脚提膝收回（左独立步），同时右拳下落于裆前，拳心朝里，左拳曲肘立起，拳心朝里，胸朝东北，眼看右拳。（图2－150）

2. 然后以左脚跟为轴，身体右转（朝东），同时右臂由裆前上提，随转身弧形下翻向右腿外侧，拳心朝上，两拳上下要合住劲，右脚面放松下垂，眼看前方。（图2－151）

3. 两臂同时合于胸前，左拳变掌，合于右小臂上，掌心向右，眼看两手，胸朝东。（图2－152）

图 2－150

图 2－151

图 2－152

以下五个动作与第十三式掩手肱捶相同，可见图 2－51 至图2－55。

### 第四十三式　小擒打　6 动

1．掩手肱捶之后，身体右转，带动右拳变掌，曲肘回收，掌心朝下，胸朝东南，眼看右掌。(图 2－153)

2．右脚向左前横上步，脚尖外摆，同时右掌向前立掌推出，掌心朝前，左拳同时变掌交叉合于右小臂上，胸朝东，眼看两掌。(图 2－154)

图 2－153

图 2－154

3. 接着左脚铲地向前擦出一大步（正东），脚微里扣，同时两掌左右分开，左掌向前下分，以掌根为主前推。右掌向侧后撑、掤，掌心朝后，眼看左掌。（图 2－155）

4. 接着重心前移左腿，弓腿，右掌前按于腹前，左臂上起与肩平，掌心均朝前（东），眼看左掌。（图 2－156）

图 2－155

图 2－156

5. 然后身体右转，重心右移（右坐步），两掌随转体翻掌心向侧后平碾，右掌同肩平，左掌微低，胸朝南，眼看右掌。（图 2－157）

6. 接着身向左转，重心左移，同时两手转臂前按，两臂交叉，掌心朝前（东），左臂在上，右臂在下，坐腕立掌，胸朝东，眼看两掌。（图 2－158）

图 2－157

图 2－158

要求

此式左右开合变化较多，要求连贯不停，表现出螺旋缠丝的特点。

## 第四十四式　抱头推山　4动

1．重心在左腿，以脚跟为轴扣左脚，身微右转，右脚跟回收，脚尖点地，同时两掌顺缠交叉于胸前，左臂在上，掌心均朝上，胸转向南，眼看两手。（图2－159）

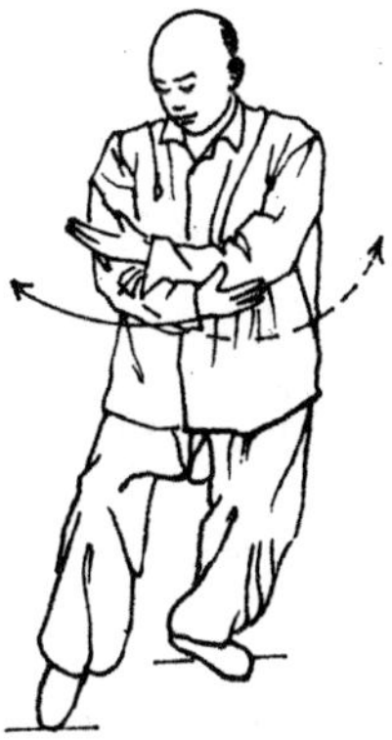

图2－159

图2－160

2．两掌左右分开，以掌背为主外开，两掌心相对，指尖朝下，右脚尖点地，眼看两掌。（图2－160）

3．身体右转，右脚前外迈步落脚跟，两肘下沉，两掌圈至耳旁，掌心均朝前（正西），眼看前方。（图2－161）

4．右脚落平，弓腿，重心前移，身微右转，两掌由耳旁向前顺缠推出，掌心朝前（西），与肩同宽，松肩垂肘，胸向西，眼看两掌。（图2－162）

要求

此式接近六封四闭，两合两开。“抱头”是指两肘下沉，两掌圈至耳旁，“也是蓄劲”。“推山”是指腰脊催动两臂推出，“也是放劲”。

图 2－161

图 2－162

### 第四十五式　三换掌　3 动

1. 身右转，同时左掌翻掌心朝上前伸，右掌曲肘回收至左臂上侧，掌心朝下，同时配合转腰松胯，胸朝西，眼看两手（完成第一次换掌）。（图 2－163）

2. 身微左转，同时右掌向前横掌推出，掌心朝下，左掌曲肘回收腹前，掌心朝上，眼看右掌（完成第二次换掌）。（图 2－164）

图 2－163

图 2－164

3. 第三次换掌与第二次相同，只是在左右掌前后相换，胸朝西，眼看左掌。

要求

此式是在不动步的情况下，完成三次换掌。每转换一次都是在腰胯的带动下来完成的，三次换掌“意劲”不可间断。

## 第四十六式　六封四闭　4动

1．接上式，左掌回收胸前，掌心朝上，右掌前推，掌心朝下，眼看右掌。（图2－165）

2．身向右转，左脚外开（南），右脚内扣，左手经胸前下划，左侧上方提起，（腕部放松，拇指内扣）右掌经身前下塌外碾。此式与第三式六封四闭相同，可见图2－17至图2－19。

图2－165

## 第四十七式　单鞭　3动

此式与第四式单鞭相同，可见图2－20至图2－26。

## 第四十八式　前招　2动

1．身微左转，重心左移，同时右钩手变掌，曲肘随转身左划弧至胸前，掌心朝前（东），左掌也同时微左下划，掌心朝前，胸朝南，眼看右掌。（图2－166）

图2－166

图2－167

2. 身右转，右脚外开45度，左脚提起，脚尖点地于右脚旁，同时右手转臂逆缠前外划弧展开，掌心朝前（西），如肩高，左掌转臂下落，随转身弧形收至胸前，掌心朝右，两手合住劲，胸朝西，眼看右掌。(图2－167)

要求

此式的左右转换，两臂的外划，要协调一致，以身领手，身手合一。

## 第四十九式　后招　2动

1. 左脚向左横迈一步，重心随移左腿，身向左转，右脚收至左脚前，脚尖点地，同时左手逆上划至左侧前方，掌心朝前，腕如肩平，右掌转臂下划至腹前，眼看左掌，胸朝西。(图2－168)

2. 身再向右转，同时右掌转臂逆上划至右侧前方，同肩平，掌心朝前，左掌转臂自上而下弧形划至胸前，掌心斜朝前，两掌合住劲，胸朝西，眼看两掌。(图2－169)

图2－168

图2－169

要求

此式与前招相同。

## 第五十式　野马分鬃　7动

1．身微右转，带动两臂微向右平划，然后左臂翻转上划弧于左上方，掌心朝上。右掌翻转下划至右胯外侧，曲肘，掌心斜向前，两手上下内合，胸朝西，重心在左腿，眼向前看。（图2－170）

2．右脚以脚跟铲地向前擦出，随即弓腿，右掌随右脚铲地前伸展开，肘微曲，小指与拇指内扣，掌心朝上，同肩平，左掌也同时向左后展开，微低于肩，拇指内扣，掌心朝后，胸朝西，眼看右掌，右野马分鬃完成。（图2－171）

图2－170

图2－171

3．重心后移左腿，身向右转，右掌由外经耳旁内划一圈至右胸前，掌心朝前，与肩平，左掌下落与腰平，掌心朝后下，眼看右掌，胸朝西。（图2－172）

4．然后重心前移右腿，左脚提起，脚尖点地于右脚前，右掌继续向右后外划，掌心朝后，左掌前伸于左膝前，掌心朝前，两掌上下要有内合之意。胸朝西，眼看前方。（图2－173）

5．左脚跟铲地擦出，随即弓左腿，同时左掌随重心前移，向

图 2－172

图 2－173

前伸展，肘微曲，小指与拇指内扣，掌心朝上，与肩平。右掌继续后划外撑，掌心朝后下，拇指内扣，胸朝西，眼看左掌。左野马分鬃完成。（图 2－174）

6. 身向左转，带动两掌向左划，两臂曲肘回收，重心随转身后坐右腿，两掌如肩平，掌心向右前，眼看两掌。（图 2－175）

7. 接着身右转，两掌翻掌心朝外向左侧后方，两掌同时放劲按出，左掌低于肩，右掌在腹前，掌心均朝南，同时弓左腿，左膝微里合，眼看两掌，胸朝西。（图 2－176）

图 2－174

图 2－175

图 2－176

要求

1. 此式要立身中正，左右的转动以腰脊为主宰，表现出支撑八面的特点。

2．上下内外的旋转开合，都要表现陈式拳特有的缠丝劲。

### 第五十一式　大六封四闭　6动

1．重心后移，两掌下按于腹前，掌心均朝下，眼看两掌，胸朝西。（图2－177）

2．身向右转，两掌随转身向右侧展开，左掌划于胸前，掌心向上，右掌划于右侧，微低于肩，掌心朝北，胸朝西北，眼看两掌。（图2－178）

图2－177

图2－178

3．以下4、5、6动作同第二十八式大六封四闭（图2－111）和第三式六封四闭（图2－18、2－19）相同。

### 第五十二式　单鞭　3动

动作同第四式单鞭相同，可见图2－20至图2－26。

### 第五十三式　双震脚　3动

1．单鞭完成后，身体左转，右手由钩变掌，随转身弧形下划至腹前，掌心朝左，左手也同时微内合，掌心前下，胸朝南，眼

看右掌。（图 2－179）

2. 两掌相合，身体右转，内扣左脚，回收右脚，外划弧，脚尖朝西，同时两掌随转身翻掌心朝外，划弧至胸前，转向西，右掌在前，掌心朝西，左手合于右肘部，掌心朝北，重心偏向左腿，两掌合住劲，眼看两掌。（图 2－180）

图 2－179

图 2－180

图 2－181（一）

图 2－181（二）

3. 两掌在胸前合住劲上起，同时领起全身，提起右腿，左脚随后蹬地跃起，两脚左先、右后落地震脚（震脚声先后两次），两掌随震脚时下按，胸朝西，眼看两掌［图 2－181（一）、2－181（二）］。完成动作后和图 2－180 相同。

要求

双震脚两臂合住劲，上起是两手领起右腿，右腿带起左腿。落地震脚是左脚先落地震脚，随之右脚落地震脚，两臂同右脚一起合住劲，有弹性地下按。

## 第五十四式　玉女穿梭　4动

1. 双震脚完成后，右脚向前迈半步（脚尖外摆45度），同时两手交叉，左掌向前横掌平推，掌心朝下。右掌与左掌前推时相错收回右腹前，胸朝西，眼看左掌。（图2－182）

图2－182

图2－183

图2－184

2. 接着重心前移右腿，左脚跟抬起，两手各有外掤之意。（图2－183）

3. 左掌发力前推，并带动左脚向前跃一大步（正西）。右脚同时跟上，眼看左手。（图2－184）

4. 左脚落下，右脚向左前（西）落步，胸朝西北［图2－185（一）］，接着身体右转270度，同时右掌随转身划至右侧上方，同肩平，掌心朝外，左掌按于左胯旁，掌心朝下，（马步）胸朝南，眼看前方。［图 2 – 185（二）］

图 2 – 185（一）

图 2 – 185（二）

要求

1. 此式连续上步的动作较多。在左脚前跨一大步，右脚也前跃一步，接着转身，变成马步，一连串的动作，要完整一气，不间断地完成。

2. 另一种做法，不跃起，而是迈步转身，这种做法适合老年、体弱的人练习。

### 第五十五式　懒扎衣　4 动

1. 重心移于左腿，提起右脚，脚尖点地于左脚旁，同时两掌合于胸前，曲肘，左掌在胸前，右掌合于左掌下，胸朝南，眼看两掌。(图 2 – 186)

2. 右脚以脚跟向右横铲地而出，同时两掌左右分开，此动作与第二式懒扎衣相同，可见图 2 – 12 至图 2 – 14。

### 第五十六式　六封四闭　4 动

此动作与第三式相同，可见图 2 – 15 至图 2 – 19。

## 第五十七式　单鞭　3动

此动作与第四式相同，可见图2－20至图2－26。

## 第五十八式　云手　5动

此动作与第三十式相同，可见图2－26再接图2－112至图2－114。完成式见图2－187。

图2－186

图2－187

## 第五十九式　摆莲脚　2动

1. 然后重心右移，左脚横迈步，重心再移左侧，右脚提起，自左而上经胸前向右侧横摆，同时两掌自右向左迎拍右脚面，胸朝南，眼看两手。（图2－188、2－189）

图2－188

图2－189

图 2－190

2．两掌拍脚后变拳，两拳合劲交叉于胸前，右拳在外，拳心均朝里，同时右脚摆后速下落震脚于左脚旁，左脚跟同时微抬起，胸朝南，眼看两拳。（图 2－190）

要求

1．此式摆脚是两掌与右脚相互迎击发出先后两响声，独立摆脚，重心不可摇动，要保持身体的中正。

2．右脚落地震脚，要全身气下沉，胯放松，震脚和两掌交叉结合要一致。

### 第六十式　跌叉　2 动

1．震脚之后，右腿曲膝下蹲，左脚尖翘起，以脚跟贴地向左铲出，右膝里扣，松胯合裆下沉，臀部里侧和左脚一齐贴地，左脚尖上翘，同时左拳下落经腹前，随左脚铲地而前伸。肘微曲，拳心朝上。右拳经面前向右上划弧上举，拳心朝前（东），胸朝东，眼看左拳。［图 2－191（一）、2－191（二）］

图 2－191（一）

图 2－191（二）

2. 身体向前起，右脚蹬地。弓左腿，右脚以脚掌贴地向前上一大步（重心在左腿），同时左拳向前上方冲击，拳心朝里。右拳转臂顺缠下落，收于右腰间，拳心朝上，胸朝东，眼看左拳。（图2－192）

要求

此式跌叉，还有一种做法，就是“下势”的形式（不坐地）。本书的做法难度较大，适合年轻人、腰腿好的人来做。另一种适合年岁大、体质不好的人练习。

### 第六十一式　左右金鸡独立　8动

1. 接上式。两拳同时变掌，交叉合于胸前，右臂在上，两掌心斜朝上（右虚步），胸朝东，眼看两手。（图2－193）

图2－192

图2－193

2. 重心全部移于左腿，左腿微曲，两掌翻掌心朝外，右掌自胸前上托，掌心朝南，高与头平。左掌翻掌下按于左胯旁，掌心朝下。同时提起右腿，右脚自然下垂（左独立步），胸朝东，眼看前方（左金鸡独立完成）。（图2－194）

3. 右脚落地震脚，与左脚并步，两膝微曲，右掌随右脚同时下落，按于右胯旁。（震脚与右掌下按要一致）胸朝东，眼看前

下方。(图 2－195)

图 2－194

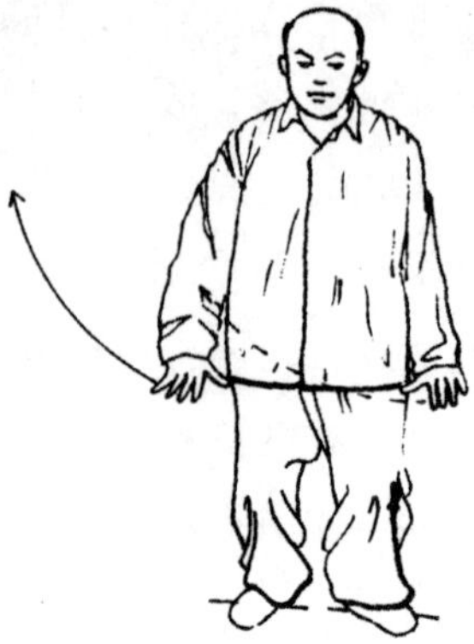

图 2－195

4．接着身体右转，带动两掌右划，掌心朝下，重心微右移，眼看两掌。(图 2－196)

5．然后再向左转（由右至左转一圈不停），重心移向左腿，右脚向右（南）横开一大步。两手经胸前向外划弧至左前方，掌心均朝前下，眼看两手。(图 2－197)

图 2－196

图 2－197

6．重心右移，左脚回收右脚旁，脚尖点地。同时两掌顺缠收回左右两胯旁，胸朝东，眼看前下方。（图 2－198、2－199）

图 2－198

图 2－199

7．重心再移右腿，左掌转臂曲肘上托（掌心朝上），右掌同时配合有下按之意，眼看左掌。（图 2－200）

8．接着左腿提起，左掌向上翻掌外撑。右掌向右侧撑开，左脚自然下垂，胸朝东，眼看前方（右金鸡独立式完成）。（图 2－201）

图 2－200

图 2－201

要求

1．第一个独立之后，震脚要与两掌合住劲，全身气下沉，两掌与震脚要协调一致，劲要整。

图 2 - 202

2. 做第二个独立要以腰带动两臂由右向左划，表现出“全身一动无有不动”和气遍全身的特点。

3. 左右金鸡独立，两掌上下左右撑开，起到了保持平衡、稳定重心的作用。

### 第六十二式　倒卷肱　5 动

1. 左脚落下以全脚掌向后铲地内划弧形向后蹬开，右弓步，同时两掌转臂，右掌向右而上经耳旁弧形划至胸前，左掌经面前内划，两掌交叉相合，右掌在上，掌心均朝外，胸朝东，眼看两手。(图 2 - 202)

2. 以下四动与第二十一式倒卷肱相同，可见图 2 - 83 至图2 - 86。

### 第六十三式　退步压肘　3 动

此式与第二十二式退步压肘相同，可见图 2 - 87 至图 2 - 89。

### 第六十四式　中盘　8 动

此式与第二十三式中盘相同，可见图 2 - 90 至图 2 - 99。

### 第六十五式　白鹤亮翅　3 动

此式与第二十四式白鹤亮翅相同，可见图 2 - 100，再接第六式，见图 2 - 31、2 - 32。

### 第六十六式　斜行拗步　7 动

此式与第七式斜行拗步相同，可见图 2 - 33 至图 2 - 40。

### 第六十七式　闪通背　7动

此式与第二十六式闪通背相同，可见图2－101至图2－107。

### 第六十八式　掩手肱捶　7动

与第十三式掩手肱捶相同，只是方向不同，此式面朝西北，可见图2－49至图2－55。

### 第六十九式　大六封四闭　5动

此式与第二十八式大六封四闭相同，可见图2－108至图2－111，再接第三式（图2－18、2－19）。

### 第七十式　单鞭　3动

此式与第四式单鞭相同，可见图2－20至图2－26。

### 第七十一式　云手　5动

此式与第三十式云手相同，可见图2－112至图2－114。

### 第七十二式　高探马　4动

此式与第三十一式高探马相同，可见图2－115至图2－118。

### 第七十三式　十字摆莲　6动

1．高探马之后，身微右转，左掌由腰间翻掌心朝下上起，与右小臂相合，掌心朝右，同时提起左腿，脚面放松，胸朝东南，眼看前方。（图2－203）

2．以右脚跟为轴，身体继续右转至西南，左脚西南落步，脚尖翘起，重心在右脚，眼看左掌。（图2－204）

3．重心微移右腿，两掌左右分开，左手向左下至胯旁，右手

图 2－203

图 2－204

向右上展开，腕如肩平，胸朝西南，眼看右掌。（图 2－205）

4．重心移于左腿，右脚跟回收抬起，同时右掌自右而下至左腋下，左掌转臂上划经面前合于右小臂之上，掌心均朝后，胸朝西南。（图 2－206）

图 2－205

图 2－206

5．右脚提起，自左而上向右外横摆，同时左掌以掌心迎拍右脚面，胸朝西南，眼看左掌。（图 2－207）

6．摆脚之后，两掌同时变拳，左右分开，右脚落地震脚，重

心随之移于右腿，左脚跟随即抬起，左臂曲肘立拳，拳心朝里，右拳下落右胯旁，拳心朝上，胸朝西，眼看前方。（图 2－208）

图 2－207

图 2－208

要求

1．此式是由合到开，又由开到合，是合中寓开，开中寓合。

2．两臂交叉击拍右脚（所称十字摆莲）后，右脚下落震脚，与两拳上下分开要协调一致。

### 第七十四式　指裆捶　4 动

1．左脚跟向西南铲地擦出，重心在右腿，眼看左拳，胸朝西。（图 2－209）

图 2－209

图 2－210

2. 左脚铲出后落平，左拳转臂顺缠至胸前，拳心朝下，眼看左拳。（图 2－210）

3. 左拳心内翻朝上，右拳顺缠自右而上合于左小臂上，同时重心移向左腿（偏左马步）。（图 2－211）

4. 重心继续左移，弓左腿，同时左拳转臂回收左腰间，拳心朝上，右拳转臂向前下方打出，拳与裆平，拳心朝下，胸朝西北，眼看右拳。（图 2－212）

图 2－211

图 2－212

要求

1. 此式是一蓄一开，两臂交叉要合住劲，两拳前后分开，发力要平均，胯要大开，圆裆，力求保持中正。

2. 右拳为实，左拳为虚，左腿为实，右腿为虚，顶要立起，内劲要中正不偏。

### 第七十五式　白猿献果　3 动

1. 身体微左转，两拳同时相合向右前上挒出，左拳心朝里，右拳心朝下，身体右转，重心移向右腿，胸朝西北，眼看两拳。（图 2－213）

2. 重心再移于左腿，侧弓步，两拳转臂下落至腹前，眼看两拳。（图 2－214）

图 2 – 213

图 2 – 214

图 2 – 215

3. 左脚尖外开，重心移于左腿，身向左转，右腿提起，脚面放松，同时右拳转臂自左而下随右腿提起，向上冲起，拳心朝里，左拳随之收回腰间，胸朝西，眼看右拳。（图 2 – 215）

要求

此式连续左右缠划，要求不间断地完成，提腿冲拳，以拳为主冲击对方面门（所称献果）。右腿一是防护自己的裆部，二也可以进击对方的裆和腹部。

## 第七十六式　六封四闭　2 动

身左转，右脚向右前迈步，同时两拳变掌里合于两耳旁，以下与第三式相同，可见图 2 – 18、2 – 19。

## 第七十七式　单鞭　3 动

此式与第四式相同，可见图 2 – 20 至图 2 – 26。

## 第七十八式　雀地龙　2动

1. 单鞭后，身向左转，弓左腿，同时两掌变拳，右拳自右而下经腹前向左上撩，左拳合在右小臂上，拳心均朝里，重心移到右腿，两拳合住劲，眼看两拳，此式与第五十九式（图2－190）相同。

2. 右腿曲膝下蹲，同时右拳曲肘上举，拳心朝里，左拳自右侧向左下前伸，拳心朝上，胸朝东，眼看左拳。（图2－216）

要求

此式与跌叉有相同之处，只是右腿不放倒，臀部不坐地（不贴地面），但还要尽量下蹲，身势下沉。

## 第七十九式　上步七星　2动

1. 身体微左转，重心向前移于左腿（大弓步），同时左拳上冲，高与肩平，拳心朝里，右脚前上半步，脚掌点地（右虚步），随着上右步，同时右拳自右而下向前上冲，合于左腕外侧，两拳以腕部交叉，拳心均朝里，眼看拳，胸朝正东。（图2－217）

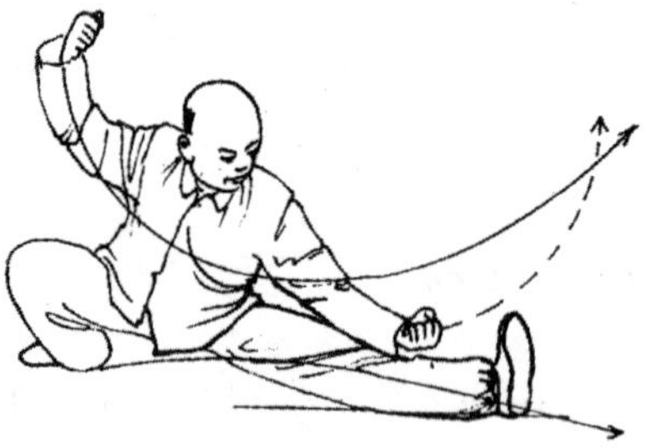

图2－216

图2－217

2. 两拳以腕部为轴，自上而里再下而前上绕一圈后变掌。然后两掌再自上而外再下而里再前反绕一圈，立掌。腕部与肩平，

眼看两掌，胸朝正东。（图 2－218、2－219）

图 2－218

图 2－219

要求

此式主要以腕部旋转为主，绕两个 360 度，两腕部为轴旋转时要体现出沾连粘随四个特点。

## 第八十式　退步跨虎　3 动

1．上步七星完成后，两掌向下翻落，身体右转，右脚向后（西）迈一步，左脚里扣（马步）胸转向南，眼看两手。（图 2－220）

图 2－220

图 2－221

2. 两臂微合，同时下落左右分开，右掌分于右上方，掌心朝西，腕如肩平。左掌分落于左胯旁，掌心朝下，同时重心移向右腿（偏右马步），胸朝南，眼向前方。(图2－221)

3. 重心右移，提起左脚向右脚旁点地落下（丁步），同时两掌里合，右掌自右而前合于胸前，左掌由左下合于腹前，两掌上下要合住劲。眼看两掌，胸朝南。(图2－222)

要求

退步跨虎是一开式，一合式，要做得连续紧凑，劲不散。开式要开得满，劲、意要达四梢。胯要松，裆要圆，有支撑八面之势。合要合得紧，也是为下一式转身而蓄劲。

### 第八十一式　转身双摆莲　3动

1. 两掌转臂外撑，左掌向左下，右掌向右上同时分开，以右脚跟为轴，身体向右180度，同时左腿提起，随转体向右后跨，两掌随转体平旋180度，右掌撑于东南，左掌于西北。胸朝北，眼看前方。(图2－223)

图2－222

图2－223

2. 左脚向前落步（西北），重心移于左腿，身体右转，左掌自左而上划至右肘下，右掌也同时由左向右划一小圈，掌心均朝下，眼看两掌，胸朝东北。(图2－224、2－225)

图 2－224

图 2－225

3．右脚提起，自左而上向右横摆，同时两掌拍击右脚面，连续击响两声，脸朝东北，此式与第五十九式相同，可见图 2－189。

要求

与五十九式（1）相同

### 第八十二式　当头炮　4 动

1．摆脚之后，右脚下落于左脚内侧，脚尖点地，两掌迅速变拳，转臂收腹前，拳心均朝上，眼看前方，胸朝北。（图 2－226）

2．右脚以脚跟铲地向后擦出成左弓步，两拳向前冲出，左拳在前，高与肩平，右拳在左肘旁，拳心均朝里，脸朝北，眼看两拳。（图 2－227）

图 2－226

图 2－227

3．两拳冲出之后，重心随即后移右腿，两拳翻转下落收至小

腹前，拳心朝里，眼看两拳。(图 2 – 228)

4. 然后弓左腿，蹬右腿，身微左转，两拳转臂向前发劲再冲出，两肘微垂，胸朝北，眼看双拳。(图 2 – 229)

图 2 – 228

图 2 – 229

要求

当头炮是第一路拳收式前的一个发劲高潮，所以当练到此式时要神气鼓荡，意气风发，表现出陈式拳特有的风格来。

## 第八十三式　第四金刚捣碓　5 动

重心后移右腿，身体右转，同时两拳变掌，向右后方伸展开，掌心朝右后方，此式与第一式金刚捣碓相同，可见图 2 – 5 至图 2 – 9。只是方向不同，此式胸朝北。

## 第八十四式　收式　2 动

两腿立起，两拳变掌，掌心翻向下，然后左右两侧分开下垂，恢复预备式姿势，可参见图 2 – 2、2 – 1。

要求

1. 身体立起后，气要徐徐下沉，待呼吸平稳之后再收回左脚，还原，然后要缓慢走动休息。

2. 第一路与第二路如果都是以面南起势，收势则是面朝北。如果第一路与第二路连续练下来，最后收势回原方向。

# 第三章　陈式太极拳第二路（炮捶）

## 陈式太极拳第二路（炮捶）拳目

预备式（2 动）
起势（1 动）
一　第一金刚捣碓（5 动）
二　懒扎衣（5 动）
三　六封四闭（4 动）
四　单鞭（3 动）
五　搬拦肘（2 动）
六　护心捶（4 动）
七　斜行拗步（8 动）
八　煞腰压肘（1 动）
九　井揽直入（2 动）
十　风扫梅花（1 动）
十一　第二金刚捣碓（3 动）
十二　披身捶（8 动）
十三　撇身捶（2 动）
十四　斩手（2 动）
十五　翻花舞袖（2 动）
十六　掩手肱捶（6 动）
十七　飞步拗鸾肘（3 动）
十八　云手（前三）（3 动）
十九　高探马（2 动）
二十　云手（后三）（3 动）
二十一　高探马（4 动）
二十二　连珠炮（一）（3 动）
二十三　连珠炮（二）（3 动）
二十四　连珠炮（三）（3 动）
二十五　倒骑麟（2 动）
二十六　白蛇吐信（一）（2 动）

二十七　白蛇吐信（二）（2 动）
二十八　白蛇吐信（三）（2 动）
二十九　掩手肱捶（7 动）
三十　转身六合（3 动）
三十一　左裹鞭炮（一）（1 动）
三十二　左裹鞭炮（二）（2 动）
三十三　右裹鞭炮（一）（2 动）
三十四　右裹鞭炮（二）（2 动）
三十五　兽头势（2 动）
三十六　劈架子（七寸靠）（4 动）
三十七　翻花舞袖（1 动）
三十八　掩手肱捶（7 动）
三十九　伏虎（2 动）
四十　抹眉红（1 动）
四十一　右黄龙三搅水（6 动）
四十二　左黄龙三搅水（6 动）
四十三　左蹬一根（4 动）
四十四　右蹬一根（2 动）
四十五　海底翻花（2 动）
四十六　掩手肱捶（7 动）
四十七　扫蹚腿（3 动）
四十八　掩手肱捶（7 动）
四十九　右冲（2 动）
五十　左冲（3 动）
五十一　倒插（1 动）
五十二　海底翻花（2 动）
五十三　掩手肱捶（7 动）
五十四　掤连捶（一）（4 动）
五十五　掤连捶（二）（2 动）
五十六　夺二肱（2 动）
五十七　玉女穿梭（1 动）
五十八　回身当头炮（1 动）
五十九　玉女穿梭（2 动）
六十　回身当头炮（1 动）
六十一　撇身捶（2 动）
六十二　拗鸾肘（1 动）
六十三　穿心肘（1 动）
六十四　窝里炮（2 动）
六十五　井揽直入（1 动）
六十六　风扫梅花（1 动）
六十七　第三金刚捣碓（3 动）
六十八　收式（2 动）

## 陈式太极拳第二路（炮捶）动作解说

陈式第二路，又称“炮捶”。（面南起式）第二路开始，直到第一个单鞭为止（预备式、起势、金刚捣碓、懒扎衣、六封四闭、单鞭），这六个动作与第一路完全相同。详见第一路（图 2－1 至图 2－26），第二路图解不再重复。

## 第五式　搬拦肘　2 动

1. 接单鞭之后，重心微左移，同时右钩手变拳，由右侧划向胸前，左掌随着也变拳，随右拳同时左划，拳心均朝里，眼看左拳。（图 3－1）

2. 重心回移右腿，两拳经胸前同时向右侧横击发劲，右臂展开，肘微曲。拳与肩平，左拳横于胸前，拳心向里。同时提起左腿，脚面自然放松，胸朝南，眼看前方。（图 3－2）

图 3－1

图 3－2

要点

搬拦肘左右两次发劲，向左可做暗发劲。重心右移后，可做明发劲。左右的重心移动要与两拳的发劲一致。

## 第六式　护心捶　4 动

1. 身体微左转，左脚落地震脚，同时左拳发力下落于左胯旁（震脚与左拳发力下落要一致，以求劲整）。右臂肘向下垂沉，右拳与肩平，拳心朝东。左拳心朝上，眼看左拳。（图 3－3）

2. 接着右脚向前上半步，面朝东（马步）。以下与第一路第三十九式（图2－138至图2－140）相同。

**要点**

护心捶两臂合于胸前，护住胸部。两臂要有内合外掤之劲，裆要开圆胯要松，立身中正，顶要立起，背脊要有外掤之意。

图3－3

### 第七式　斜行拗步　8动

1．接上式，左拳变掌，腕部放松，拇指内扣，经胸前向左上方提起；右拳变掌，经胸前向下方採落，同时提起右脚回收，脚尖点地（成丁字步），胸朝东，眼向前看。（图3－4）

2．右掌由下向上横拦立掌，掌心向左，指与眼平，同时提起右腿，脚面放松，眼看右掌。（图3－5）

图3－4

图3－5

3．右掌下落胯旁，掌心朝下，左手变掌，横扫面前，同时右脚下落，提收左脚，脚尖点地，胸朝东，眼看左掌。（图3－6）

4．以下同第一路第七式斜行拗步（图2－35至图2－40）相同，此式完成动作胸朝东。

## 第八式　煞腰压肘　1动

接上式，右掌曲肘变拳下落于右膝上方，拳心向上，同时左掌变拳曲肘，拳与眼平，拳心朝里。两拳上下要合住劲，胯要松，裆要圆，形成马步，气下沉。胸朝东，眼看左拳。(图3－7)

图3－6

图3－7

## 第九式　井揽直入　2动

1. 左拳变掌下落左膝外侧，眼看左掌。(图3－8)

2. 重心右移，右脚尖外开，胸转向南，以后脚跟为轴，左脚以脚跟着地向右扫出，转体180度。同时左掌上起立掌向右拦划，

图3－8

图3－9

右掌同时合于左肘下，胸朝北，眼看左掌。（图 3－9）

要点

1. 井揽直入动作一中，左拳变下落气要下沉，是个蓄劲，为转身 180 度做好准备。

2. 动作二中，旋转时要从腰脊做轴，旋转 180 度是腰脊带动四肢完成的，整个过程要合住劲，不能散。

### 第十式　风扫梅花　1 动

左脚内扣，重心左移，右掌上起立掌右划，同时身右转 180 度，右脚掌同时外划，左手落左胯旁，胸朝南，眼向前看。（图 3－10）

要点

1. 第九、十式是紧密相连的，同时运用腰脊带动四肢旋转，在旋转过程中，先向后转 180 度，不停顿地再向后转 180 度，最后完成 360 度大转身。

2. 在劲别运用上，前半个圆是以左手为主而旋转的合劲。后半个圆是以右手为主而旋转的开劲。整个是一合一开，使内劲不断地外放，而达到四梢。

### 第十一式　第二金刚捣碓　3 动

此式同第一路第五式金刚捣碓（图 2－27 至图 2－29）相同，此式完成胸朝南。

### 第十二式　披身捶　8 动

此式与第一路第十五式披身捶（图 2－60 至图 2－65）相同，完成动作胸朝南。

### 第十三式　撇身捶　2 动

1. 接上式。两臂合于腹前（马步），右臂在外，眼看两拳。（图 3－11）

图 3－10

图 3－11

2. 身向左转，两拳向左右发劲打击，这是双发劲。本式以左拳为主，右拳为辅。在发劲同时向左弓腿，胸朝东南，眼看左拳。(图 3－12)

要点

撇身捶，两臂突然向左右发劲打出，有很强的爆发力，其意是打击对方胸部，以左拳为主，但右拳的发力要和左拳一样，以保重心的稳定。

### 第十四式　斩手　2 动

1. 左拳变掌，以顺缠自右向上划半个小圆立掌，眼看左掌。(图 3－13)

图 3－12

图 3－13

2. 左掌下抓（叼）变拳，左脚外开，身向左转，右拳随身转臂经右耳旁，同时提右腿［图3－14（一）］，右拳下落胸前与左拳相合。然后，左拳突然上提，右拳如刀一样下斩，形成左上右下的提削之势，同时右脚震脚落地。完成动作胸朝东北。［3－14（二）］

图3－14（一）

图3－14（二）

要点

1. 斩手是接上式撇身捶后顺势抓住对方的手腕，然后迅速转身下斩，拿（採）下对方的腕部。

2. 两拳下斩同右脚震脚发力要整，协调一致，尾闾要中正。

### 第十五式　翻花舞袖　2动

1. 两拳变掌反转向外，同时左脚向后投步，脚跟抬起，胸朝北，左掌与肩平，右掌在下，掌心均朝前，眼看左掌。（图3－15）

2. 身向左转180度跃起，两掌同时经头上翻转过来下按，翻身的惯性是由两手领转过来，左脚先落地，右脚稍后再落下，重心稍移左腿。动作完成胸朝东南，眼看两掌。（图3－16）

图 3－15

图 3－16

要点

1．斩手之后，假设身后又来人，这时突然的翻身反击，跃起之后，接近来人，接着两掌由上而下发力。

2．随转身的惯性下落，两掌下劈要有力，劲要整。

## 第十六式　掩手肱捶　6 动

掩手肱捶借上式下劈的弹性劲，再一次跃起，双手上起，右手内扣胸前，左掌压合在右小臂上。以下与第一路第十三式相同，可见图 2－50 至图 2－55。完成动作胸朝东，右拳发至东南。

要点

1．掩手肱捶在第二路中共出现六次，是运用最多的拳式，所以要多练，也可以提出来单独练习。

2．“蓄劲如开弓”，是由含胸拔背，两臂左右拉开，蓄满了劲。“发劲如放箭”，两拳前后分开，右拳如放箭一样射入靶心。所以蓄劲和发劲两者分不开。其他一些要点与第一路第十三式掩手肱捶相同。

## 第十七式　飞步拗鸾肘　3 动

1．接上式，掩手肱捶后，右拳在腰的带动下曲肘回收，重心

不动，只是右转身，眼看右拳。（图 3－17）

2. 右拳回收之后向东北方向冲出，左拳在腰间，右脚随之提起，并向左前飞步跃进，落地为实，同时以右脚做轴，左脚提起随之划弧超过右脚，落在右脚的东侧，使身体腾空转动 270 度，方向东北。（图 3－18）

图 3－17

图 3－18

3. 转体 270 度后，身体继续左转，双手内合，左拳变掌，合在右小臂上，使双臂形成一横向的环形，并以右肘发劲向前击打出。转身后右脚为实，发肘劲时，左脚为实。胸朝东南，眼看右肘。（图 3－19）

要点

1. 动作一中，掩手肱捶后，假设右拳被人抓住，可以腰背脊带动右拳回收，一是可拿起对方，二可以再击打对方。

2. 动作二、三中，假如右拳发出后，被人所採，或牵动不得收回，所以就不得不随，以适他人，用飞步顺着要劲。在自然左转身的时候，用背折靠劲来解脱被採的手，左掌压在对方的手上，使双臂形成一横向环形，并以右肘劲前击。也可飞步后接近对方，用右肘击折对方的胸部，是一招两用的手法。要注意的是，双臂发出后不可十分的伸直，顺要曲蓄有余，保持立身中正。

## 第十八式　云手（前三）　3动

1. 上式后，肘劲不停，右拳变掌，向前按出，左臂在上，同时收回右脚，脚掌落地（丁字步），胸朝东，眼看两掌。（图3－20）

图3－19

图3－20

2. 右掌按出之后，身向右转，两手同时向右运划，右掌经面前向右划，左掌经腹前向右划，右掌心朝前与肩平，同时右脚向侧方（南）落步，侧弓步。然后收回左脚，脚尖点地于右脚旁。胸朝南，眼看两掌。（图3－21、3－22）

图3－21

图3－22

3. 接着，左脚向左横开半步（东），重心逐渐左移，左脚踏实，右脚变虚，收回脚尖落地（停步）。左上右下转臂，左掌经胸前上划左前方，右掌经腹前合于腹前，两掌上下要合住劲，胸朝南，眼看两掌。（图 3－23、3－24）

图 3－23

图 3－24

要点

此式在不动步的要求下，曲线缓和，左顾右盼地变换运行，充分表现出手脚上下相随和虚实变化，也是稍做调整，为下一式做好蓄劲准备。

### 第十九式　高探马　2 动

1. 前云手后，身向右转，迈右脚（西），重心随移右腿，左脚内扣（右侧弓步），两掌向右转臂运行，右掌经面前上划至右侧，掌心朝前与肩平。左掌下划经腹前合于右肘下，掌心朝前，胸朝西，眼看两掌。（图 3－25）

2. 重心移换左腿，提起右腿，身微右转，同时右掌转臂下划经左掌下收至右腰间，掌心朝上。左掌转臂经右掌上前推，肘微曲，掌心向下，胸朝西，眼看左掌。（图 3－26）

图 3－25

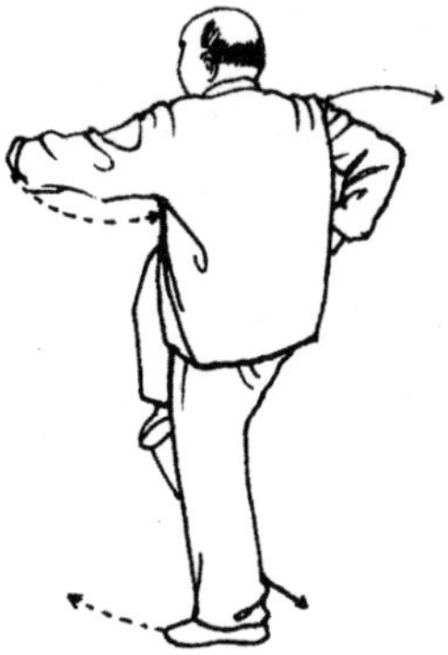

图 3－26

## 第二十式　云手（后三）　3 动

1．高探马之后，左下右上转臂，左掌转臂收至胸前，右掌转臂上划至右侧方，同时震右脚落地为实。左脚随之向左侧横开一步（西南），右侧弓步，胸朝西，眼看两掌。（图 3－27）

2．重心向左移，右脚向左脚后叉步落脚掌，同时转臂左上右下，左掌经面前划至左侧方，右掌下划至腹前，掌心均朝前，胸朝西，眼看两掌。（图 3－28）

图 3－27

图 3－28

3．云手第三动同图 3－27。

要点

高探马后做（后三）云手时，震脚和转臂迈左脚要协调，基本上同时完成，要合住劲。云手要求在曲线缓和、内劲贯串不断的情况下来完成。

## 第二十一式　高探马　4动

与第一路第三十一式高探马（图2－115至图2－118）相同。不同的是，此式完成动作胸朝西南，右掌朝正西。

## 第二十二式　连珠炮（一）　3动

1．高探马后，身体微左转，右掌下落回缠胸前，掌心向左。同时左掌向胸前掤，掌心向里，两手合在一起。此式与第一路第三十二式（图2－119至图2－120）相同，此式胸朝西。

2．接上式，双手再下落经胸前，左掌腕部放松，拇指内扣，向左侧上方提起，右掌下塌外碾，掌心朝上，同时提起右腿成左独立步，形成全身蓄劲之势，胸朝西南，眼看右掌。（图3－29）

3．两掌转臂合于胸前，虎口相对，掌心斜向前，蓄上劲，右脚向前跨出一大步落下（西）（图3－30）。两掌由上而下，向前发劲前推，同时，左脚向前跟进半步，脚跟铲地有声。两掌合住

图3－29

图3－30

图3－31

劲，掌心斜朝下，右脚尖朝西，左脚尖朝南，重心微偏右腿，胸朝西，眼看两掌。（图3－31）

### 第二十三式　连珠炮（二）　3动

### 第二十四式　连珠炮（三）　3动

第二、第三个连珠炮，两掌由前再翻掌转臂分开，提起右腿，与图3－29至图3－31相同，连做两次。

要点

1. 这个拳式根据自己的需要练习，也可以多做几个或者提出来多做几个。

2. 这个拳式是个有蓄有发的代表性动作，蓄劲要满，发劲要整、要脆。左脚跟铲地，要与两掌的发劲统一。

3. 发劲时虽然右足为实，但右足与左足的虚实要求相差不大，以便可以迅速提起前腿向前迈进。

### 第二十五式　倒骑麟　2动

1. 接上式。连珠炮后重心后移，右脚尖翘起，右掌转臂翻掌上划，掌心向前，左掌下採于胯旁。胸朝西，眼看右掌。（图3－32）

图3－32

图3－33

2. 然后身体右转，右脚外开落平，以右脚为轴，向右后转180度，右掌随转身向右平划。左腿提起，随右转里跨，左掌也同时翻转向上，右掌随之下落胯旁，身体转向东，眼向前看。（图3－33、3－34）

图3－34

要点

1. 在转身跨过之后，上体不可前俯后仰，由于左脚随转身180度跨过来，所以有“倒骑”之名。

2. 由西转到东180度，前半圈是开，转至东以后为合，两掌一上一下，左脚提起成右独立步。

## 第二十六式　白蛇吐信（一）　2动

1. 上式后，左脚向前迈出，左掌随之前按里合，掌心朝前，右掌合于腰间，掌心朝上，眼看左掌。（图3－35）

2. 重心前移左腿，左掌里合下落胯旁，右掌以手指为主向前击出，同时右脚立刻跟进半步，铲地有声。完成第一个白蛇吐信，胸朝东。（图3－36）

图3－35

图3－36

要点

1. 白蛇吐信是在小圈内完成蓄劲发劲的，右掌要与左掌交叉相合之后再前击，用法是对方来拳（或掌）击我面部或胸部，以左掌拦採，以右掌进击对方喉头部位，随之右脚进震脚，以加强整力。

2. 此式要蓄发协调一致，发力要脆、要整，务必要立身中正，身手合一，做到节节贯穿，劲由脊发。此式可以提出来单独练习。

## 第二十七式　白蛇吐信（二）　2动

## 第二十八式　白蛇吐信（三）　2动

第一吐信完成以后，身体右转，带动两掌同时右划一小圈。左掌划至胸前，右掌划于腰间前伸与左掌相合，左掌心朝下，右掌心向上，然后两掌突然分开，左掌下採胯旁，右掌前伸，同时跟右脚震落半步，胸朝东。（如图3－35、3－36，重复两次）

## 第二十九式　掩手肱捶　7动

白蛇吐信后，两掌下落，身体右转180度扣左脚，重心落于左腿。提起右腿震脚落下，左脚迅速向西南迈步落平（马步），右掌变拳扣胸前，左掌随之合在右小臂之上，胸朝西（图3－37）。此式和第一路第十三式掩手肱捶相同，可见图2－50至图2－55）。

图3－37

## 第三十式　转身六合　3动

1. 掩手肱捶后，左脚内扣，重心移于左腿，身体右转，

两拳内收腹前，拳心均向里，胸向西北，眼看两拳。（图 3－38）

2. 接着，提起右腿，两拳左右分开，合在右膝的两侧，胸转向东北，眼看两拳。(图 3－39)

3. 左腿独立，跃起向右转 180 度，胸转向南，随之右脚落下之后，左脚朝东落步（偏右马步）。跃起的同时，两臂左右分开，再合于腹前（交叉），右拳在外，拳心均朝里，眼看两拳。(图 3－40)

图 3－38

图 3－39

图 3－40

要点

转身六合是个转身较大的拳式，连续的开合，要求连贯，跃起转身与两臂双开、双合要一致，转身以后，要迅速松胯、松腰，两臂交叉相合腹前。要蓄住劲，为下一式发力做准备。

### 第三十一式　左裹鞭炮（一）　1 动

重心左移（弓腿），双拳同时向左右两侧发劲击出，劲贯拳面。转身弓腿，发力要一致。发劲时以左拳左腿为主，胸朝南，眼看左拳。(图 3－41)

## 第三十二式　左裹鞭炮（二）　2动

1. 两拳交叉合于腹前，然后右脚提起向左脚左边落下，使双拳双腿裹起来，眼看两拳。（图3－42）

图3－41

图3－42

2. 然后左脚再向左横迈步，与图3－40相同，重心偏向右腿。再向左侧弓步，两拳同时向左右两侧发劲击出，与第一裹鞭炮（图3－41）相同。

要点

左裹鞭炮要求含胸拔背，劲由脊发，在发劲前的“裹”要蓄满劲，使气、意下沉。然后突然左右发力打击，劲要蓄得满，发得迅速干脆，上下内外要协调一致。这样连续蓄发两次。

## 第三十三式　右裹鞭炮（一）　2动

1. 左裹鞭炮完成后，身体左转以右脚为轴，提起左脚，左转180度，两拳迅速回抱含于小腹前，左脚向西落下，重心偏于右腿，然后重心左移，胸朝北，眼看两拳。（图3－43）

2. 在重心左移的同时，两拳向左右两侧发力分开，劲贯拳面，以左拳左腿为主。胸朝北，眼看左拳。（图3－44）

图 3－43

图 3－44

## 第三十四式　右裹鞭炮（二）　2 动

与左裹鞭炮（二）相同，可见图 3－42、3－40、3－41，此式胸朝北。

要点

1. 右裹鞭炮，是由南向北 180 度的转身，以转身来完成“裹”劲和蓄劲。在这个过程中，仍要保持身体的平稳和中正。

2. 裹鞭炮是一种进攻型的拳式，也是横行步法的拳式，适合群战。一裹正是全身紧裹，气贴脊背，形成蓄劲。一鞭迅速左右发劲如鞭子一样，要脆、要整，使内劲充分发放出来。

## 第三十五式　兽头势　2 动

1. 身向右转，内扣左脚，重心落于左腿，左臂回抱身前，拳心向里，胸朝北。（图 3－45）

2. 左臂不动，右臂内合于左小臂上，与第三十三式（图 3－43）相同。然后右脚拖地划弧至左脚旁，再向后外铲地落下（有声），同时左臂由里向外翻出前撑，右拳护住胸部，重心微前（马步），拳心均朝里，胸朝东北，眼看左拳。（图 3－46）

图 3－45

图 3－46

要点

当两臂交叉相合时，这是一个蓄劲；右脚向后铲地落下，左臂向外翻掤，这是发劲，也是横塌劲。此式“既是退又是进”，有支撑八面、稳如磐石之势。

## 第三十六式　劈架子（七寸靠）　4 动

1．身体微左转，两小臂交叉相合，右臂在上，前推，左臂回拉，同时向左弓腿，胸朝东北，眼看两拳。（图 3－47）

2．接着两臂转臂上下分开，同时变掌。左臂在上与头平，掌

图 3－47

图 3－48

心朝前，右掌落胯旁，掌心朝下。（图3－48）

3．两臂交叉相合身前，左臂在下，同时重心后移右腿，提起左腿。这是一蓄劲中的左肩靠劲（也称七寸靠），胸朝东北。（图3－49）

4．右腿前跃半步，带动左脚向前，跨出一步落下，重心偏前，两臂同时前后发劲击出，左掌前上击打，右掌向右下击打。（此式掌或拳均可）以左掌左腿为主，胸朝东北，眼看左掌。（图3－50）

图3－49

图3－50

要点

劈架子要表现出坚刚而又沉着的内劲，靠劲、放劲（劈劲）并用，可称一明一暗。右腿前跃时要保持身体的稳定，“顶劲”不丢。

### 第三十七式　翻花舞袖　1动

重心右移，左掌下落，两掌同时由右上划弧下落腹前，同时重心再后移左腿，右脚向前迈出半步。胸朝东，眼看两掌。（图3－51）

要点

1. 身体要中正，做到两手两脚同时并用。

2. 此式是一个双掌下劈劲，犹如刀一样下砍。此是两掌为实，右脚为虚，全身放松，顶要立起，意在两掌。

### 第三十八式　掩手肱捶　7动

此式同第一路十三式掩手肱捶（图2－49至图2－55），胸朝东，右拳东南。

### 第三十九式　伏虎　2动

1. 掩手肱捶向东南打出后，身体微左转，带动右拳向里缠，拳向上，同时右脚向右侧（南）外摆落地，胸朝东，眼看右拳。（图3－52）

图3－51

图3－52

2. 重心右移，右拳回收经腰间划至右上方与眼平，拳心朝外。左拳同时由腰间向外向前划一小圈再回到腰间。重心下坐，胯放松，右腿实。胸朝东南，左肘方向东北，眼看肘。（图3－53）

要点

此式在上下左右旋转一个大圈之后，使重心越来越低，圈也

图 3－53

越来越小。这是形成螺旋向下的蓄劲，也为下式轻灵跃起做好准备。

### 第四十式　抹眉红　1 动

在上式的基础上，重心前移左腿，左脚尖外开，右拳变掌向前探出。同时右脚随之蹬地跃出一大步（东北），胸朝北。左脚同时跃进，落于右脚东侧，重心移于左腿，身转 180 度，胸朝南。右掌随转身收至身前，眼看右掌。（图 3－54、3－55）

**要点**

此式是在上式蓄劲的基础上，借着右腿蹬地的弹性劲，使身体跃起。跃出要轻灵，转身要稳，身体要中正。

图 3－54

图 3－55

## 第四十一式　右黄龙三搅水　6动

1. 上式跃起后，左掌撑在腰间，右掌在身前向左上划圈，右脚随之提起回收于左脚内侧，胸朝南，眼看右掌。（图3－56）

2. 右掌经左胸向右侧划，腕如肩平，掌心朝西，同时右脚向西横迈一步，随之左脚再跟进半步，脚尖落地，胸朝南，眼看右掌。完成一次右搅水（图3－57、3－58）。接着再重做两次右搅水动作。

图3－56　　图3－57　　图3－58

要点

1. 搅水看起来很简单，做好则难。要求一动全动，其要点仍在于腰脊带动四肢上下内外运动。

2. 第二路练到此，可根据需要反复多做几次。由于在搅水前已进行了较激烈的运动，在此可稍休息一下。

## 第四十二式　左黄龙三搅水　6动

左脚后移落平，右脚同时回收，两掌由右而下向左上划一圈，同时右脚提起震脚落下，身体右转180度，胸朝北，左掌搅水划圈，右掌撑在腰间，重心在右腿。接着再做三次左搅水。动作说明如右搅水一样，只是左右不同。（图 3 – 59 至图 3 – 62）

图 3 – 59

图 3 – 60

图 3 – 61

图 3 – 62

要点

1. 此式与右搅水一样，但要注意转身换手时要缓和、连贯。

2. 当左掌往下划时，左足顺提起回收为虚，如图 3 – 60。当左掌往上划时，左足又迈出下落为实，如图 3 – 61。

## 第四十三式　左蹬一根　4动

1. 完成左搅水后，右脚向右迈出落下，两掌回合交叉腹前，左掌在下。同时再跟进左脚，脚尖点地，胸朝北，眼看两掌。（图3－63）

2. 左脚落平，右脚再横开一步，两掌也随之上划左右分开。（图3－64）

图3－63

图3－64

3. 接着再收回左脚，两掌再交叉合于腹前，左掌在下。（图3－65）

4. 两手合在一起后，继续上提，然后变拳，同时提起左脚，然后和两拳同时向两侧一齐发力打击（蹬出），右腿独立。此式左拳左脚为主，胸朝北，眼看左拳。（图3－66）

要点

此式的发劲要发出弹性劲来，双拳和左脚向左右发劲时，要稳定身躯，双拳的发力要平均。发力后马上放松双拳左腿。这种式子可以单独练习。

图 3－65

图 3－66

## 第四十四式　右蹬一根　2 动

1. 左脚蹬出后，身体左转，左脚外摆 45 度落下，双拳随转身合在一起，右拳在外。重心移向左腿，右脚跟抬起，胸朝南，眼看两拳。（图 3－67）

2. 右脚提起，两拳上提，然后双拳右脚同时向左右一齐发劲击出。左腿独立，以右拳右脚为主，眼看右拳。（图 3－68）

图 3－67

图 3－68

要点

与左蹬一根相同。

### 第四十五式　海底翻花　2动

1. 右腿提膝收回（左独立步），右拳下落裆前，拳心向里，左拳肘立起，拳心朝里。（图3－69）

2. 以左脚为轴，微右转，右拳由身前上提，随转身弧形下翻右胯旁，拳心朝上。两拳上下要合住劲，右脚面放松，眼看前方，胸朝西。（图3－70）

图3－69

图3－70

要点

此式是整体的合劲，以两肘两拳为主。左拳向上右拳向下的合劲击发要协调一致，要保持身体的平稳、中正。

### 第四十六式　掩手肱捶　7动

海底翻花后，右脚下落震脚，左脚随之向左前落下（马步）。右拳顺缠内扣胸前，左掌同时合在右小臂上，与第一路十三式掩手肱捶（图2－50至图2－55）相同。此式胸朝西，右拳向西北打出。

### 第四十七式　扫蹚腿　3动

1. 右拳回收下落胯旁，拳心向上，左拳由腰间曲肘立起，拳

心向里。胯松，圆裆。胸朝西，眼看右拳。（图3－71）

2．提起右脚下落左脚旁（震脚），右拳也随之内翻一小圈，随震脚再落胯旁，胸朝西。（图3－72）

3．右脚外开45度，以右脚为轴，右小臂放平，拳心朝里。以腰脊、右肘带动身体右后转，左脚内扣，外扫转体一圈半540度（东南）。图（3－73）

图3－71

图3－72

图3－73

要点

1．此动作练习身体的稳定性，扫腿也是练习腿和脚的击发劲。为了稳定重心，横扫一圈半，右脚如生根一样稳固。

2．为了使左腿轻灵而又沉着地转动、横扫，可单独提出来专练。

## 第四十八式　掩手肱捶　7动

双拳变掌，分别由两侧划弧分开，同时右脚提起，左脚蹬地向上跃起，右脚落地，左脚也随之下落左前方（变马步），面向东南，双手合在胸前。以下与第一路第十三式（图2－50至图2－55）相同。不同的是有跃起动作。

### 第四十九式　右冲　2动

1. 掩手肱捶之后，右拳回缠，左拳由腰间伸出，拳心上下斜相对。同时左脚后落半步，重心随后移，胸朝东南，眼看两拳（图3－74）。两拳继续下落腹前，右脚回收点地。（图3－75）

图3－74

图3－75

2. 右脚提起向右前迈出弓腿，两拳随之内翻一小圈向前发力冲出，拳心均向里，肘微垂，胸朝东，眼看右拳。（图3－76）

要点

1. 此式是双拳齐发力的动作，以右拳右腿为主，动作要连贯不断，一气呵成。双拳冲出或后划圈，要以腰脊带动两拳，内劲要饱满、充实，这样才能使劲贯串到拳面，发出抖劲。如内劲跟不上或断续，就会失去其作用。

2. 左冲、右冲的实用性极强，应该单独练习，直至练习出抖劲、整劲来。

### 第五十式　左冲　3动

1. 右冲之后，重心左移，两拳翻转，拳心向下，同时提起右

脚（左独立式），眼看两拳。（图 3－77）

图 3－76

图 3－77

2．两拳由下向左侧上方划弧，落于腹前，右脚震脚落地，重心随之换右腿。左脚向前（东北）落地，拳心均朝里，胸转向东，眼看两拳。（图 3－78）

3．接着向左弓腿，两拳翻转向前上发劲冲出，以左拳左腿为实，胸朝东，眼看左拳。（图 3－79）

图 3－78

图 3－79

**要点**

同右冲。

## 第五十一式　倒插　1 动

左冲之后，重心后移，两拳翻转，同时下落插下，左拳于胯旁，右拳于裆前，右脚微收脚尖点地，胸转向东，眼看右拳。（图 3－80）

**要点**

此式是解脱动作，假如左冲没有将对方放出，双拳或某一拳被人抓住，可利用倒插来解脱。这种手法比较厉害，但需要成为一个整体，上下、内外意气配合。

## 第五十二式　海底翻花　2 动

此式与第四十五式（图 3－69、3－70）相同。右腿提起后，两拳上下分开，胸朝东。

## 第五十三式　掩手肱捶　7 动

动作同第一路第十三式掩手肱捶，可见图 2－50 至图 2－55。胸朝东，右拳朝东南。

## 第五十四式　搠连捶（一）　4 动

1. 掩手肱捶之后，重心左移，随之扣脚尖。左拳变掌由腰间伸出，右拳转臂回收左掌之上，拳心向上，身体转向南，眼看两

图 3－80

图 3－81

手。(图 3 – 81)

2. 右脚提起震落左脚旁，同时右拳上起，随震脚落在左掌之上，身体转向西，眼看前方。(图 3 – 82)

3. 右脚擦地面向前迈出一大步，左掌同时前伸，右拳顺左臂里合，是发力前的蓄劲，胸朝西，眼看两手。(图 3 – 83)

图 3 – 82

图 3 – 83

4. 接着右脚落实，右臂横着顺左臂向前发劲，拳心向里。同时左肘发力后撑，随之左脚擦地跟进半步。这是右拳、右脚和左肘并用的动作，右臂、左肘、左脚擦地跟进要同时完成。劲要发得一致，胸朝西，眼看右拳。(图 3 – 84)

**要点**

1. 连捶是一连串的转身、震脚、蓄劲、进步、发劲。要注意保持尾闾中正，神贯顶。

2. 右拳发劲掤出，要与左肘发力平均，发力要脆，要抖出劲来。这是解脱和进攻一招两用的方法。

### 第五十五式　掤连捶（二）　2 动

1. 上式发劲后马上蓄劲，左拳由腰间变掌向前伸出，右拳也随之回收，左脚同时向前方迈出，脚尖外开 45 度，眼看前方（正

面）。（图 3 –85）

图 3 –84

图 3 –85

2. 左脚落实，右脚同时上一大步，然后右拳左肘同时前后发力，左脚擦地再跟进半步，与第一个捌连捶相同。（图 3 –86）

要点

1. 这是个连续不断的蓄劲、上步、再发劲动作。如右臂被人抓住或对方进击，我抓住了对方手臂，此时可进步（或不进步）发力击打对方，又可解脱了左臂。力由腰脊背发出。

2. 此式可连续地走直线练习。其他要点与第一个捌连捶相同。

## 第五十六式　夺二肱　2 动

1. 捌连捶发力之后，右拳转臂收回腰间，拳眼向上，左拳如箭脱开弓一样向前冲出，拳背朝上，胸朝西，眼看左拳。（图 3 –87）

2. 左拳冲出后，速转臂收回左腰间，右拳再迅速向前冲出，胸朝西，眼看右拳。（图 3 –88）

要点

夺二肱左右冲拳，要冲出抖劲，要点是松腰、松胯、松开身臂，然后一发而出。一发一蓄要连贯。

图 3－86

图 3－87

### 第五十七式　玉女穿梭　1 动

上式右拳发出之后，再迅速收回腰间，左拳由腰间转臂迅速冲出，左脚同时跃出（正西），眼看左拳。（图 3－89）

图 3－88

图 3－89

### 第五十八式　回身当头炮　1 动

上式飞步跃出后，右脚随之跟进，落在左脚西侧，重心随移。转体 180 度（经北转东），双拳在胸前合住劲，左脚前迈落下弓

腿。接着双拳向前发劲冲出，左拳在前与肩平，右拳合于左肘部，胸朝东，眼看两拳。(图3－90)

要点

1. 在穿梭后随着转身，背要有一靠劲，转过身来，用“当头炮”攻击对方。

2. 跃起跨步和落脚转身要一气呵成，并要保持立身中正。

### 第五十九式　玉女穿梭　2动

1. 当头炮之后，两拳转臂收回腰间，然后右拳冲出再迅速收回。左拳再迅速向前冲出后迅速收回。此式与第五十六式夺二肱相同，可见图3－87、3－88。不同之处在于，此式胸朝东，左腿在前（弓步），右拳先冲。

2. 左拳收回后，右拳由腰间转臂冲出，右脚同时跃出一大步，胸朝东，眼看右拳。(图3－91)

图3－90

图3－91

### 第六十式　回身当头炮　1动

右脚跃出后，左脚也随着向前跃出一大步，下落右脚东侧，身体左转180度（胸转向西），然后两拳下沉收回，随之再向前发

劲冲出，眼看两拳。（图3－92）

**要点**

同五十八式。

### 第六十一式　撇身捶　2动

1. 身体微左转，两臂回抱身前，左臂在里，与第三十式（图3－40）相同。

2. 然后身左转，重心左移。两拳分别向左右两侧发劲击出，以左拳为主，胸朝南。（图3－93）

图3－92

图3－93

图3－94

**要点**

当头炮双拳发出后，撇身捶又是下一个进攻手段。假设当头炮是进击西边，结果东边又来人进攻，应回头一看，双拳就自然击发出去。重心移向左腿，胯、裆要松沉。两拳发出是以腰脊产生的力，意在拳背。

### 第六十二式　拗鸾肘　1动

撇身捶之后，左脚掌外开45度，身向左转，两臂胸前内合，右脚跟进一大步震脚落下，右肘向前发劲击出，左拳变掌压在中

腕部，双臂环形合在一起，右肘向东，胸朝北。（图 3－94）

要点

撇身捶击打对方后，顺势抓住对方左小臂（或腕部），接着一个迅速转身以右肘横击撞对方肘部。这种击法发力要整要迅速，震右脚是配合腰脊的发力。

### 第六十三式　穿心肘　1 动

身向左转，两臂同时向左回划一小圈，右脚向前跨出一大步，左脚铲地跟进半步，同时右肘再发力击出。胸朝北，肘向东。（图 3－95、3－96）

图 3－95

图 3－96

要点

穿心肘是上式的继续，又是进击的手段，是短兵相接。用肘来冲击对方的胸部（心脏）。左脚铲地跟进是配合腰脊产生爆发力。

### 第六十四式　窝里炮　2 动

1．穿心肘后，接着又一个击发劲，重心后移左腿，右拳向前下翻揉，拳心向上，右脚跟抬起，胸转向东，眼看右拳。（图 3－97）

2. 右脚抬起向前迈一步，右拳由下向上冲击（击打对方下颌），同时左脚铲地跟进半步，左拳由腰间向后撑出。胸朝东，眼看右拳。（图3－98）

图3－97

图3－98

要点

1. 窝里炮右拳打击的目标是对方的下颌。铲地跟进一步，一是接近对方，二是产生出爆发力，配合右拳发力。

2. 此式要求：一动全身俱动，在腰脊的基础上运用前进的惯性发力。

图3－99

### 第六十五式　井揽直入　　1动

上式右拳发劲后，右脚外摆45度，两拳变掌。右掌曲肘回收胸前，左掌由侧方划弧合在胸前，同时以右脚做轴，左脚向右横扫至90度，胸朝南，眼看左掌。（图3－99）

要点

1. 此式是一个整体性的运动，一动俱动，两手相合与左腿横扫都要协调一致。

2. 两手相合，封住对方来手（右手合住对方来手，左手封住对方的大臂），同时左脚去横扫对方的下盘。

## 第六十六式　风扫梅花　1动

接上式，身体再继续右转，重心移至左腿，同时再扣左脚尖，左掌下按胸前，右掌由胸前向右上划弧，带动身躯右转180度（胸朝北）。右手在右上撑起，掌心向上与头平，左掌按在胯旁，眼看前方，重心仍在左腿。此式与第十式风扫梅花相同，可见图3－10。

## 第六十七式　第三金刚捣碓　3动

同第一路第一式，可见图2－7至图2－9，胸朝北。

## 第六十八式　收式　2动

金刚捣碓之后，重心移两腿之间，两腿缓缓立起。同时右拳变掌，两臂内旋掌心向下，慢慢下落身体两侧。然后左脚向右脚并拢直立，胸朝北，眼平视前方，与第一路预备式相同，可见图2－1、2－2。

要点

1. 动作要沉稳、缓慢，精神收敛，劲力要贯彻始终，呼吸要自然。

2. 第二路架子同样是面南起式，面北收式。如果一路、二路一气练下来，由一路最后的金刚捣碓接做第二路的懒扎衣，这样起式面南，收式也就面南了。

# 第四章　吴式太极拳

李经梧老师所传吴式太极拳师承赵铁庵老先生。赵公清光绪年间生人，自幼习武，为吴式太极拳宗师吴鉴泉、王茂斋二公之入室弟子，吴式太极拳第三代传人。赵公习武悉心认真，用功刻苦，寒暑无间，天资淳厚，尽得吴式拳之真谛，为研习武术矢志未娶，实为武林鲜见者。赵公行拳如龙游曲泽，妙造新境，体用似随心所欲，炉火纯青。李经梧老师继承、保留了赵公所传吴式太极拳的风格特点，其拳势结构严谨，轻柔舒展，动作细腻规范，内涵丰富。今整理成书，供爱好者研习。

## 吴式太极拳拳目

无极式

预备式（1 动）

起式（2 动）

一　左右抱七星（2 动）

二　揽雀尾（5 动）

三　斜单鞭（2 动）

四　右抱七星（1 动）

五　提手上势（3 动）

六　白鹤亮翅（3 动）

七　左搂膝拗步（3 动）

八　左抱七星（1 动）

九　左右搂膝拗步（6 动）
十　左抱七星（1 动）
十一　手挥琵琶（2 动）
十二　上步搬拦捶（4 动）
十三　如封似闭（2 动）
十四　抱虎归山（1 动）
十五　十字手（2 动）
十六　斜搂膝拗步（2 动）
十七　转身搂膝拗步（2 动）
十八　右抱七星（1 动）
十九　斜揽雀尾（5 动）
二十　斜单鞭（3 动）
二十一　肘底看捶（2 动）
二十二　倒撵猴（7 动）
二十三　斜飞势（2 动）
二十四　右抱七星（1 动）
二十五　提手上势（3 动）
二十六　白鹤亮翅（3 动）
二十七　左搂膝拗步（3 动）
二十八　海底针（2 动）
二十九　扇通背（2 动）
三十　撇身捶（2 动）
三十一　卸步搬拦捶（4 动）
三十二　上步揽雀尾（4 动）
三十三　单鞭（2 动）
三十四　云手（5 动）
三十五　单鞭（2 动）
三十六　左高探马（2 动）
三十七　右分脚（3 动）
三十八　右高探马（2 动）
三十九　左分脚（3 动）
四十　转身左蹬脚（2 动）
四十一　进步栽捶（6 动）
四十二　翻身撇身捶（3 动）
四十三　上步高探马（2 动）
四十四　右蹬脚（3 动）
四十五　右披身伏虎（4 动）
四十六　左披身伏虎（4 动）
四十七　右蹬脚（2 动）
四十八　双峰贯耳（2 动）
四十九　披身左蹬脚（3 动）
五十　转身右蹬脚（3 动）
五十一　右搂膝拗步（2 动）
五十二　上步搬拦捶（4 动）
五十三　如封似闭（2 动）
五十四　抱虎归山（1 动）
五十五　十字手（2 动）
五十六　斜搂膝拗步（2 动）
五十七　转身搂膝拗步（2 动）
五十八　右抱七星（1 动）
五十九　斜揽雀尾（5 动）
六十　斜单鞭（2 动）
六十一　右抱七星(1 动)
六十二　左右野马分鬃(6 动)
六十三　右抱七星（1 动）
六十四　右野马分鬃（2 动）
六十五　左右玉女穿梭（8 动）
六十六　右抱七星（1 动）

六十七　右野马分鬃（2 动）
六十八　左右玉女穿梭（8 动）
六十九　右抱七星（1 动）
七十　揽雀尾（5 动）
七十一　单鞭（2 动）
七十二　云手（5 动）
七十三　单鞭（2 动）
七十四　下势（3 动）
七十五　左右金鸡独立（5 动）
七十六　倒撵猴（7 动）
七十七　斜飞势（2 动）
七十八　右抱七星（1 动）
七十九　提手上势（3 动）
八十　白鹤亮翅（3 动）
八十一　左搂膝拗步（3 动）
八十二　海底针（2 动）
八十三　扇通背（2 动）
八十四　撇身捶（2 动）
八十五　上步搬拦捶（4 动）
八十六　上步揽雀尾（4 动）
八十七　单鞭（2 动）
八十八　云手（5 动）
八十九　单鞭（2 动）
九十　高探马（2 动）
九十一　扑面掌（2 动）
九十二　转身十字摆莲（2 动）
九十三　搂膝指裆捶（4 动）
九十四　上步揽雀尾（4 动）
九十五　单鞭（2 动）
九十六　下势（3 动）
九十七　上步七星（2 动）
九十八　退步跨虎（2 动）
九十九　转身扑面掌（2 动）
一〇〇　转身双摆莲（3 动）
一〇一　弯弓射虎（3 动）
一〇二　上步措捶（2 动）
一〇三　扑面掌（2 动）
一〇四　翻身撇身捶（2 动）
一〇五　上步高探马（2 动）
一〇六　上步揽雀尾（5 动）
一〇七　单鞭（2 动）
一〇八　合太极（2 动）

## 吴式太极拳动作解说

### 无极式

示范者面南。身体自然直立，两脚平行向前，自然并拢，重心在两腿之间，两臂下垂，指尖向下，两眼前平视。

要求

立顶含胸拔背，身心松静，意识集中，舌抵上颚，气沉丹田。见图4－1。

预备式　1动

重心慢慢移向右腿，左腿放松，横开左脚与肩同宽，先落脚掌，随之重心向左腿平均，左脚跟外碾落平，两眼前平视，意在两掌。（图4－2）

图4－1

图4－2

起式　2动

1．两手微微下沉，两腕向前伸展上起，与肩同高同宽，两眼向前平视，意在两腕。（图4－3）

2．身向下蹲至膝与足尖垂直为度。两掌指尖随之向前伸展，徐徐下按至胯旁，掌心向下指尖向前，眼随手动，向前平视，意在两掌。（图4－4）

图4－3

图4－4

## 一　左右抱七星　2动

1. 左抱七星，重心移向右腿，两手由两侧弧形向胸前合拢，左手在前，腕与肩平，掌心向右，指尖向上，大指遥对鼻尖；右手至左肘，掌心向左，指尖向上。提左脚，向前半步，脚跟着地，眼由左食指方向前视，意在左掌。（图4－5）

图4－5

2. 右抱七星，向前弓腿，身向右转面西，左脚内扣踏实，同时右手沿左臂弧线向前推抹，置于胸前，腕与肩平，掌心向左，指尖向上，大指遥对鼻尖；左手至右肘内侧，掌心向右，指尖向上。提右脚，向前半步，脚跟着地，眼随右食指方向前视，意在右掌。（图4－6）

## 二　揽雀尾　5动

1. 向前弓腿，落平右脚，伸展左腿，成右弓步，同时右手翻掌向内，指尖斜向左，略高于肩，左手翻掌向外，指尖向上，扶于右脉门处前挤，眼由左手食指方向前视，意在右手。（图4－7）

图4－6

2. 重心移向左腿，右脚尖翘起成坐步，两手随之同回至腹前，右手掌心向上，指尖斜向左；左手扶于右脉门随右手运动，眼随右食指运动方向前视，意在右掌。（图4－8）

图4－7

图4－8

3. 向前弓腿，落平右脚，伸展左腿成右弓步，同时以右食指为前导，左手扶于右脉门处，两手向左前方伸展，右手掌心向上，高与肩平，指尖斜向前；左手掌心向下，眼随右手食指运动方向前视，意在右掌。（图4－9）

4. 身向右转，两手循自然弧线向右侧平行移动；重心逐渐移向左腿，右脚尖翘起，右手随之曲臂垂肘旋转至右耳旁，掌心向

上，指尖斜向后；左手垂肘，掌心向后，指尖扶于右脉门处，眼看右食指方向，意在右掌。（图 4－10）

图 4－9

图 4－10

5. 身向左转，扣右脚向正南方向落平，重心移向右腿，左脚跟放松。同时右掌循右脚下落方向前按，掌心向前，指尖向上，腕与肩平，左掌随右掌向前运动，指尖向上，掌心斜向下，眼由右手方向前视，意在右掌。（图 4－11）

图 4－11

### 三　斜单鞭　2 动

1. 右掌捏拢，五指做钩，钩尖向下，钩顶与耳同高，提左脚，左后方（东北向）撤步，落脚掌，眼由右腕方向前视，意在右腕。（图 4－12）

2. 重心逐渐左移匀向两腿，左脚跟内收落平，成马步，同时左掌由右腕下，向左弧形移动至左前方，掌心逐渐翻转向外，立掌坐腕，腕与肩平，胸向东南，眼随左手运动，由左食指方向前

视，意在左掌。(图4－13)

图4－12

图4－13

## 四　右抱七星　1动

身向右转，面向正南，重心移至左腿，左脚尖内扣，右脚跟放松。同时，右钩变掌，划弧至胸前，腕与肩平，掌心向左，指尖向上，大指遥对鼻尖；左手向右划弧至右肘内侧，掌心向右，指尖向上。提右脚，向前半步，脚跟着地，眼由右食指方向前视，意在右掌。(图4－14)

图4－14

图4－15

## 五　提手上势　3动

1．向前弓右腿，伸展左腿，成右弓步。同时，右手掌心向内，环抱胸前，指尖向左；左手垂肘，翻掌向外，指尖向上，掌心贴于右小臂内侧成挤式。眼由右小臂向前平视，意在右前臂。（图4－15）

2．右掌做钩上提至额前，左脚上步，与右脚并成平行步，重心在两腿，两腿徐徐伸展，左掌下按至腹前，掌心向下，指尖向右，眼视右腕，意在右腕。（图4－16）

3．右钩上引变掌，翻掌向上，指尖斜向左；左手向下松沉，掌心向下，指尖向右，重心不变，眼看右食指方向，意在右掌。（图4－17）

图4－16

图4－17

## 六　白鹤亮翅　3动

1．眼换看左手，两腿下蹲，左手下按至膝前，指尖向右；右掌微向上伸展，身略前俯，意在左掌。（图4－18）

2．向左转腰，左手腕放松向左后划弧，掌心斜向上，指尖斜

向下；右手随腰向左转动，眼看左手方向，意在左掌。（图 4 - 19）

图 4 - 18

图 4 - 19

3. 身向右转，面向正南，左手向上托掌上起，与右手同举至额上方，掌心向前，指尖斜向上，与肩同宽；大臂微微下沉，两腿弯曲，重心在两腿，眼由两掌中间前视，意在两掌。（图 4 - 20）

## 七　左搂膝拗步　3 动

1. 身向左转，重心移向右脚，右脚尖内扣 45 度，左脚跟放松。同时，两臂下沉，两手翻掌向内，在面门前十字交叉，左手在内，右手在外，眼由右手食指方向前视，意在右手。（图 4 - 21）

2. 左手向左前方划弧下按，掌心向下，指尖向前；右腕放松，提向右耳旁，虎口向上，指尖向前。左前方迈左脚，落脚跟，眼看左手食指方向，意在左掌。（图 4 - 22）

3. 向前弓腿，落平左脚，伸展右腿，右脚跟外碾，成左弓步（即川字步，要求两脚平行向前），同时右手以无名指引导前按，腕同肩平，掌心向外，指尖向上，大指遥对鼻尖；左手搂至左膝旁，掌心向下，指尖向前。眼由右食指方向前视，意在右掌。（图4－23）

图 4－20

图 4－21

图 4－22

图 4－23

## 八　左抱七星　1动　重式

重心后移，身微向右转，左手向前上划弧至胸前，成侧立掌，右手向后划弧至左肘内侧。身微左转，面向正东，两手合劲，左脚向前半步，脚跟着地。眼由左手食指方向前视，意在左掌。（图4－24）

图4－24

## 九　左右搂膝拗步　6动

1．身微向右转，眼看左手向右前方划弧下按，掌心向下，指尖向前；右腕放松提向右耳旁，虎口向上，指尖向前。左前方迈左脚落脚跟，眼由左食指方向前视，意在左掌。（同图4－22）

2．动作同第七式左搂膝拗步之三。（同图4－23）

3．身微向左转，眼看右手向左前方划弧下按，掌心向下，指尖向前；左腕放松，提向左耳旁，虎口向上，指尖向前，提右脚，右前方迈步落脚跟。眼由右手食指方向前视，意在右掌。（图4－25）

4．同本式动作之二，唯左右相反。（图4－26）

图4－25

图4－26

5. 同本式动作之三，唯左右相反。（图 4－22）

6. 同本式动作之二，见图 4－23。

### 十　左抱七星　1 动　重式

动作同第八式，见图 4－24。

### 十一　手挥琵琶　2 动

1. 身微向右转，重心移向左腿，落平左脚，两手俯掌由腹前向右前推按，右脚向前与左脚并成平行步，重心均向两腿。眼由右手方向前视，意在两掌。（图 4－27）

2. 身微向左转，两手平行移动至左前方，随之身体慢慢起立，左手翻掌向上，向左前方托起，腕与肩平，指尖斜向左；右手同时经左肘下划弧至右侧腰间，掌心向内，指尖向左；眼由左食指方向前视，意在左掌。（图 4－28）

图 4－27

图 4－28

### 十二　上步搬拦捶　4 动

1. 曲膝下蹲，重心移向右腿，左脚放松，左手划弧至右肋前，掌心向下，指尖向右；右手变拳，拳顶向前，拳眼向上，移至左掌下。眼由两手方向前视，意在右拳。（图 4－29）

2．搬：左前方迈左脚落脚跟，向前弓腿成左弓步。同时两手划弧移至左前方，左掌心斜向下，指尖斜向前，高与胸平；右拳在左掌下，拳顶斜向上。眼由左食指方向前视，意在右拳。（图4－30）

3．拦：重心移至右腿，左脚尖翘起成坐步，身微向右转，左掌向前伸展拦出，掌心向右，指尖向上；右拳经左肘下撤回腰间，拳心向内，眼看左掌方向，意在左掌。（图4－31）

4．捶：向前弓腿，成左弓步。右拳沿左掌方向，向前打出，高与胸平，拳顶向前，拳眼向上；左掌落至右小臂内侧，掌心向右，指尖向上。眼由右拳方向平视，意在右拳。（图4－32）

图4－29

图4－30

图4－31

图4－32

### 十三　如封似闭　2动

1．左掌移至右小臂外侧，掌心向右，指尖向上；重心移向右腿，左脚尖翘起，成坐步。同时，右拳变掌，两掌翻转向内，指尖向上，左右分开，与肩同宽，腕与肩平，收至肩前。眼由两掌间向前平视，意在两掌。（图4－33）

2．向前弓腿，落平左脚，成左弓步。同时两掌翻转向前，前按，腕与肩平，指尖向上。眼由两掌间前视，意在两掌。（图4－34）

图4－33

图4－34

### 十四　抱虎归山　1动

两腕放松，展平两掌，掌心向下，指尖向前，弧形下按至膝前；重心微向下沉，眼向前平视，意在两掌。（图4－35）

### 十五　十字手　2动

1．身向右转，重心移向右腿，以右脚掌为轴，脚跟内收，伸展左腿，左脚跟外展，两脚平行向南，随转身眼看右手俯掌向右划弧展开，左掌同时向左展开；两手成侧平举，眼由右食指方向前视，意在右掌。（图4－36）

图 4－35

图 4－36

2. 两掌翻转向上，向上划弧，在面门前十字交叉，左手在内，掌心向右，右手在外，掌心向左，指尖均斜向上。同时身随掌起，收回左脚，与右脚平行，与肩同宽，重心均向两腿。眼由两掌间前视，意在两掌。（图 4－37）

## 十六　斜搂膝拗步　2 动

1. 身微向右转，重心移向右腿，左脚放松，随之左掌向右前划弧下按，右腕放松，提至右耳旁，虎口向上，指尖向前，左前方迈左脚落脚跟。眼由左食指方向前视，意在左掌。（图 4－38）

图 4－37

图 4－38

图 4－39

2. 同左搂膝拗步之二，唯落脚方向正南，身略向东南。（图4－39）

## 十七　转身搂膝拗步　2动

1. 身向右转，面向西北，左脚尖内扣45度，右脚跟放松，眼看右手向右后方划弧下按，指尖向西北，左腕放松，提向左耳旁，虎口向上，指尖向前，右前方迈右脚落脚跟。眼由右食指方向前视，意在右掌。（图4－40）

2. 同右搂膝拗步之二，唯方向西北。（图4－41）

图4－40

图4－41

## 十八　右抱七星　1动　重式

动作说明同左抱七星，唯左右相反，方向西北，见图4－6。

## 十九　斜揽雀尾　5动　重式

同第二式揽雀尾，唯方向西北。见图4－7至图4－11。

## 二十　斜单鞭　2动　重式

同第三式斜单鞭，唯方向西南，见图4－12、4－42。

图4－42

## 二十一　肘底看捶　2动

1. 身向左转，重心移向左腿，左脚尖外开向正东，右脚随之横移落平成左弓步，同时左手翻掌向外，大指向下，向左后方划弧至身后做钩，钩心向上；右手钩向前划弧至胸前，钩心向下，钩顶遥对鼻尖，眼由右钩顶前视，意在右钩。(图4－43)

2. 重心移向右腿，左脚向前半步，脚跟着地，同时左钩变拳，圈向腰间，向前打出。腕与肩平，拳心向右，拳顶斜向上；右钩变拳下沉至左肘下，拳心向内，拳眼向上。眼由左拳顶向前平视，意在左拳。(图4－44)

图4－43

图4－44

## 二十二　倒撵猴　7动

1. 向前弓腿，落平左脚成左弓步。左拳变掌，掌心向上，向右前伸展；右拳在左肘下随之运动，眼看左食指方向，意在左掌。(图4－45)

2. 身微向左转，眼看左掌向左平行划弧，重心移向右腿，左脚尖翘起成坐步。同时，左手垂肘松腕圈向左耳旁，虎口向上，指尖向前，右拳变掌，向右前划弧下按，掌心向下，指尖向前，眼由右食指方向前视，意在右掌。(图4－46)

图 4－45

图 4－46

3．提左脚经右踝旁撤步落平，脚跟向外碾转成右弓步。同时，左手以无名指引导，向前按掌，腕与肩平，掌心向外，指尖向上，大指遥对鼻尖；右手搂至右膝旁，掌心向下，指尖向前。眼由左食指方向前视，意在左掌。（图 4－47）

4．重心移向左腿，右脚尖翘起，左掌俯掌向右前方划弧下按，指尖向前；右腕放松，提向右耳旁，虎口向上，指尖向前。眼看左食指方向，意在左掌。（图 4－48）

图 4－47

图 4－48

图 4－49

5．动作说明同本式之 3，唯左右相反。

6．动作说明同本式之 4，唯左右相反。

7．动作说明同本式之 3。（图 4－49）

## 二十三　斜飞势　2动

1. 左手翻掌向左，划弧上起经左后方落至右膝旁，掌心向外，指尖向下；右掌经右前方，划弧至左耳旁，掌心向外，指尖向上，腰随手动，左转右合。同时收回左脚至右踝旁，脚尖点地成丁字步，眼看右食指方向，意在右掌。（图4－50）

2. 左前45度角迈左脚落脚跟，向前弓腿，落平左脚，伸展右腿，成左隅步。同时，左手向左前方伸展，掌心向上，腕与肩平，右手向右下方划弧下按，掌心向下，指尖斜向外。身略前倾。眼看右手方向，意在右掌。（图4－51）

图4－50

图4－51

## 二十四　右抱七星　1动　重式

身向右转，面向正南，左脚尖内扣45度，右脚跟放松，提右脚，向前半步，脚跟着地。同时右手上起至胸前，掌心向左，指尖向上，腕与肩平，大指遥对鼻尖。左手划弧至右肘内侧，掌心向右指尖向上。眼由右食指方向前视，意在右掌，同图4－6。

## 二十五　提手上势　3动　重式

同第五式提手上势，见图4－15至图4－17。

## 二十六　白鹤亮翅　3动　重式

同第六式白鹤亮翅，见图4－18至图4－20。

## 二十七　左搂膝拗步　3动　重式

同第七式左搂膝拗步，见图4－21至图4－23。

## 二十八　海底针　2动

1．重心移向右腿，左脚尖翘起成坐步，同时，右腕放松上提，掌心向左，指尖下垂；左腕放松，手指向下，掌心向右。眼由右掌方向前视，意在右掌。（图4－52）

2．右手向两膝间插掌，指尖向下，掌心向左，左掌划弧上起至右耳旁，掌心向右，指尖向上。同时左脚向前半步，脚尖点地成左虚步。重心下沉，身微前倾（避免低头），眼看右手方向，意在右掌。（图4－53）

图4－52

图4－53

## 二十九　扇通背　2动

1．右腕放松上提与肩同高，掌心向左，指尖向前；身随臂起，左掌下沉，翻掌向上，指尖向前移至右肘下，眼由右手方向

前视，意在右掌。(图4－54)

图4－54

图4－55

2．左脚向前迈步，脚跟着地，随之身右转向正南，重心均向两腿，左脚尖内扣，右脚跟内收，成马步。同时，左掌向前伸展，至两掌相对，翻掌前按，掌心向外，指尖向上，腕与肩平；右手向头上划弧撑掌，掌心向上，指尖向左，眼由左食指方向前视，意在左掌。(图4－55)

## 三十　撇身捶　2动

1．身向右转，重心移向左腿，左脚尖内扣，右脚跟放松。同时两手弧形落至腹前交叉，左手在外，指尖向右，右手在内，指尖向左，掌心均向下。眼由左食指方向前视，意在两掌。(图4－56)

2．右前方迈右脚落脚跟，向前弓腿，伸展左腿，面西，成右弓步。同时，两手向内翻转，提至胸前成十字交叉，左掌在内，掌心向右，指尖向上；右掌变拳在外，拳心向左，拳顶向上；随即左掌前按，成侧立掌，腕与肩平，右拳撤回腰间，拳心向内。眼由左食指方向前视，意在左掌。(图4－57)

图 4－56

图 4－57

## 三十一　卸步搬拦捶　4 动

1．身微向右转，重心移向左腿，右脚尖翘起，右拳前伸；左手划弧回按至右肋前，掌心向下，指尖向右，敷于右拳眼上；眼由左食指方向前视，意在右拳。（图 4－58）

2．搬：身微向左转，提右脚经左踝旁后撤一步落平成左弓步。同时两手划弧移至左前方，左掌掌心斜向下，指尖斜向前，高与胸平；右拳在左掌下，拳顶斜向上，眼由左食指方向前视，意在右拳。（图 4－59）

图 4－58

图 4－59

3．拦：同第十二式上步搬拦捶动作之3。（图4－60）

4．捶：同第十二式上步搬拦捶之4。（图4－61）

图4－60

图4－61

## 三十二　上步揽雀尾　4动

图4－62

1．重心移向右腿，身微向右转，左脚尖翘起。同时右拳变掌，翻掌向上；左手指尖扶于右脉门处，两手回至腹前，眼随右食指运动方向前视，意在右掌。（图4－62）

2．身向左转，左脚外开45度，落平左脚，向前弓腿，随即提右脚经左踝向前（正西）迈步，脚跟着地，向前弓腿，落平右脚，伸展左腿，成右弓步。同时，以右食指为前导，左手扶于右脉门处，两手向左前方伸展；右手掌心向上高与肩平，指尖斜向前；左手掌心向下，眼随右食指运动方向前视，意在右掌。同图4－9。

3．同第二式揽雀尾动作之4，见图4－10。

4．同第二式揽雀尾动作之5，见图4－11。

### 三十三 单鞭 2动

### 重式

图4－63

动作同第三式斜单鞭，唯方向正南，见图 4 － 12、4 －63。

### 三十四 云手 5动

1. 重心移向右腿，身微向右转，左脚尖内扣。左手随之俯掌经腹前向右划弧至右腋旁，翻掌向内；右钩变掌，掌心向外，成立掌。眼由右食指方向前视，意在右掌。(图4－64)

2. 重心逐渐移向左腿，身微向左转，同时，左手立肘上起，掌心向内。指尖向上，经面门前向左划弧至身体左侧，伸展左臂，翻掌向外成立掌；右手俯掌经腹前向左划弧至左腋旁，翻掌向内。眼由左食指运动方向前视，意在左掌。(图4－65)

图4－64

图4－65

3. 左手俯掌下按，右手上起，右脚向左并步，重心逐渐移向右腿，左脚放松；右手立肘，掌心向内，指尖向上，经面门前向右划弧至身体右侧，伸展右臂，翻掌向外成立掌；左手俯掌经腹前向右划弧至右腋旁，翻掌向内。左脚向左横开一步，脚掌着地，落平全脚，成右侧弓步。眼随右食指运动方向前视，意在右掌。（图4－64）

4．同本式第二动。（图4－65）

5．左手俯掌下按，右手上起，右脚向左并步，重心逐渐移至右腿，左脚放松；右手立肘，掌心向内，指尖向上，经面门前向右划弧至身体右侧，伸展右臂，翻掌向外，成立掌；左手俯掌经腹前向右划弧至右腕下，掌心向内，指尖向右，眼随右食指运动方向前视，意在右掌。（图4－64）

### 三十五　单鞭　2动　重式

动作说明同第三十三式单鞭。定式见图4－66。

图4－66

### 三十六　左高探马　2动

1．身左转向正东方向，重心移向右腿，右脚尖内扣45度，左脚收回半步，脚尖点地。同时，左手翻掌向上，右手钩变掌，俯掌圈向右耳旁，手腕放松，指尖向前。眼由左食指方向前视，意在左掌。（图4－67）

2．身向左转，左前方（东北方向）迈左脚落脚跟，向前弓腿，伸展右腿，右脚跟外碾，成左弓步。同时，右手经左掌上向左前方按出，成立掌，掌心向前，指尖向上，腕与肩平，大指遥对鼻尖；左手经右肘下，落至右胸前，掌心向上，指尖向右，眼由右手食指前视，意在右掌。（图4－68）

图 4－67

图 4－68

## 三十七 右分脚 3 动

1. 右手上起，翻掌向右后方划弧落至腹前，指尖向下，掌心向左；左手随之翻掌向下，经腹前划弧上起至左额前，掌心向内，指尖向上，身随手动右转左合，眼看右前方，意在右掌。(图 4－69)

2. 两手变拳，左拳拳顶向上，拳心向内，右拳上起至左额前与左拳成十字交叉，右拳在外，拳顶向上，拳心向内。同时，提右膝，膝高于胯，右小腿自然下垂，成左独立步。眼看右前方，意在两拳。(图 4－70)

图 4－69

图 4－70

图 4－71

3. 两拳变掌，由上向两侧划弧下落，腕与肩平，掌心向外，指尖向上；同时，展平右脚面，向右前方分脚前踢，右手与右脚上下相对，眼看右食指方向，意在右掌。(图 4－71)

## 三十八　右高探马　2动

1. 左腿微曲，右膝放松，圈回右小腿，自然下垂，右前方（东南方向）迈右脚落脚跟，同时，右手翻掌向上，指尖向前；左手落至左肋前，掌心向下，指尖斜向前。眼看右手食指方向，意在右掌。(图4－72)

2. 向前弓腿，伸展左腿，成右弓步。左掌经右掌上，向前按出，成立掌，掌心向前，指尖向上，腕与肩平，大指遥对鼻尖；右手经左肘下落至左胸前，掌心向上，指尖向左，眼由左食指方向前视，意在左掌。(图4－73)

图4－72

图4－73

## 三十九　左分脚　3动

动作说明同右分脚，唯左右方向相反。见图4－74至图4－76。

图4－74

图4－75

图4－76

## 四十　转身左蹬脚　2动

图4－77

1. 左膝放松，圈回左小腿，自然下垂，以右脚跟为轴，身向左转135度；右脚尖内扣，面向正西方向；同时，两手变拳，向内划弧，曲肘至右额前成十字交叉，左拳在外，右拳在内，拳心向内，拳顶向上。眼看左前方，意在两拳。（图4－77）

2. 动作说明同左分脚之3，唯左脚向前蹬出，脚尖上翘，方向正西。（图4－78）

## 四十一　进步栽捶　6动

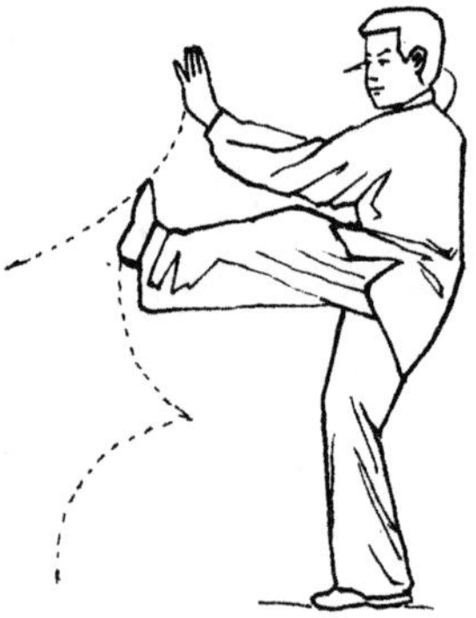
图4－78

1. 右腿曲膝下蹲，圈回左小腿，左前方迈左脚落脚跟，成右步坐式，左手随之翻掌下按至左膝前，指尖向前；右手松腕，圈向右耳旁，虎口向上，指尖向前，眼看左食指方向，意在左手。图同4－22，方向正西。

2. 第2、3、4动同第九式左右搂膝拗步之2、3、4。图同4－23、4－25、4－26，方向正西。

3. 第5动左手向左前方划弧下按，掌心向下，指尖向前；右手提向右耳旁变拳，拳心向内，拳顶向前；左前方迈左脚落脚跟，眼看左手方向，意在右拳。图同4－22，唯右掌为拳。

4. 第6动向前弓腿，落平左脚，伸展右腿，右脚跟外碾成左弓步。同时右拳向前下栽拳。拳心向左，拳顶向下；左手划弧上起至右肩前，掌心向右，指尖向上，身微前倾，眼看右拳前方，意在右拳。（图4－79）

## 四十二　翻身撇身捶　3动

1. 身向右转，以左脚跟为轴，脚尖内扣90度，右脚跟放松，脚掌着地。同时，提右拳至胸前，拳心向内，拳顶向左；左手扶于右小臂内侧，掌心向外，指尖向上。眼看右拳方向，意在右拳。（图4－80）

图4－79

图4－80

2．身向右转，右前方（正东方向）迈右脚落脚跟。同时，右肘放松下沉，右拳翻转，拳顶斜向上，左手扶于右小臂内侧，随右拳移动，掌心向右，指尖向上。眼由右拳顶方向前视，意在右拳。（图4－81）

3．向前弓腿，伸展左腿，外展左脚跟，成右弓步。同时右拳向前撇打，拳心向上，拳顶向前，随即撤至右侧腰间；左掌经右小臂上立掌前按，腕与肩平。眼由左食指方向前视，意在左掌。（图4－82）

图4－81

图4－82

### 四十三　上步高探马　2动

1. 身微向右转，左前方（东北方向）迈左脚落脚跟。同时左手翻掌向上，右拳变掌翻掌向下，指尖向前，眼看左食指方向，意在左掌。（图4－83）

2. 同第三十六式左高探马之2。（图4－84）

图4－83

图4－84

### 四十四　右蹬脚　3动

同第三十七式右分脚动作说明，唯第三动右脚前蹬，脚尖上翘。见图4－69、4－70，4－85。

图4－85

### 四十五　右披身伏虎　4动

1. 右膝放松，圈回右小腿，自然下垂。身微向左转，右手向左前平行划弧至左腕后，两手指尖均向左前方。眼看左食指方向，意在两掌。（图4－86）

2. 左腿放松，曲膝下蹲，右后方（正南方向）撤右脚落脚跟，两手微向左前伸展，眼看左食指方向，意在两掌。（图4－87）

图4－86

图4－87

3. 身向右转，两胯向下松沉，重心移向右腿，右脚尖外开落向正南方向；伸展左腿内扣左脚尖，成右弓步。同时，两手下沉经腹前向右后方展开，右手在前，腕与肩平，掌心向外；左手落至右胸前，掌心向下，指尖均斜向上。眼由右食指方向前视，意在右掌。（图4－88）

4. 两手变拳，身微左转前俯，右臂内圈右拳向左贯击，拳心斜向外，拳顶斜向上，高与耳平；左拳拳心向下，拳顶向右，高与胸平。眼向左前方（正东方向）平视，意在右拳。（图4－89）

图4－88

图4－89

## 四十六　左披身伏虎　4动

1. 身微向左转，以右脚为轴，脚尖内扣45度，两拳变掌向右前方伸展，右手在前，左手在后，指尖均斜向右前方。同时，松左腿，提左膝，小腿自然下垂。眼看右手食指方向，意在两掌。（图4－90）

2. 3、4动同第四十五式右披身伏虎动作说明，唯左右方向相反。见图4－91至图4－93。

图4－90

图4－91

图4－92

图4－93

## 四十七　右蹬脚　2动

1. 右拳循左肘外侧上起，两拳在左额前十字交叉，拳心向内，拳顶斜向上；身随拳起，伸展左腿，提右膝，膝高于胯，右

小腿自然下垂，眼看右前方，意在两拳。（图 4 －94）

2．同第四十四式右蹬脚，唯方向正东。（图 4 －95）

图 4 －94

图 4 －95

## 四十八　双峰贯耳　2 动

1．右膝放松，圈回右小腿，自然下垂，身微右转，两掌翻向上，左手随之移至胸前，与右手平行，指尖向前，与肩同宽；两肘下沉，两手经右膝两侧下落；同时，右胯放松，右脚向前落步，脚跟着地，眼看两手方向，意在两掌。（图 4 －96）

2．向前弓腿，伸展左腿，成右弓步，同时，两手下沉在腰间翻转变拳，两拳经两侧向前合击，高与耳平，拳心斜向外，拳距 15 公分许，两臂微曲呈环状。眼由两拳间前视，意在两拳。（图 4 －97）

图 4 －96

图 4 －97

## 四十九 披身左蹬脚 3动

1. 身向右转，向正南，以右脚掌为轴，脚跟内转，左腿放松，脚跟提起，成歇步。同时，两拳向内翻转，两肘下沉，在右额前成十字交叉，拳心向内，拳顶斜向上。眼看左前方，意在两拳。(图4－98)

图4－98

2. 重心上起，伸展右腿，提左膝，膝高于胯，左小腿自然下垂，成右独立步。两拳微向上举，眼看左前方，意在两拳。图同4－94，唯左右相反。

3. 同四十四式右蹬脚，唯左右相反，见图4－85。

## 五十 转身右蹬脚 3动

图4－99

1. 以右脚掌为轴，身向右转180度，右脚前（正西方向）落左脚跟，同时，两手变拳，拳心向内，在面门前十字交叉，拳顶斜向上，眼向右前方平视，意在两拳。（图4－99）

2. 身向右转向正东，重心移向左腿，左脚尖内扣落平，右脚跟放松，随之重心上起，伸展左腿，提右膝，膝高于胯，右小腿自然下垂，成左独立步。同时，两拳微向上举，眼向前平视，意在两拳，见图4－70。

3. 同第四十四式右蹬脚之3，见图4－85。

## 五十一 右搂膝拗步 2动

1. 左腿放松，曲膝下蹲，右膝放松，小腿自然下垂，右前方迈右脚落脚跟。右掌弧形下按至右膝前，掌心向下，指尖向前，左手松腕曲肘圈向左耳旁，虎口向上，指尖向前，眼看右手食指方向，意在右掌。图同4－25。

2. 同第九式左右搂膝拗步之4，见图4－26。

## 五十二　上步搬拦捶　4动　重式

1. 身微向右转，左手划弧至右胁前，掌心向下，指尖向右；右手变拳，拳顶向前，拳眼向上，移至左掌下。眼由两手方向前视，意在右拳。（图4－100）

2. 3、4动同第十二式上步搬拦捶之2、3、4，见图4－30至图4－32。

图4－100

## 五十三　如封似闭　2动　重式

## 五十四　抱虎归山　1动　重式

## 五十五　十字手　2动　重式

## 五十六　斜搂膝拗步　2动　重式

## 五十七　转身搂膝拗步　2动　重式

## 五十八　右抱七星　1动　重式

## 五十九　斜揽雀尾　5动　重式

## 六十　斜单鞭　2动　重式

## 六十一　右抱七星　1动　重式

以上重式动作说明及图解同前（从略），唯第六十一式右抱七星方向转向正西。

## 六十二　左右野马分鬃　6动

1．身微向左转，右手向左下划弧至左膝旁，掌心向左，指尖向下；左手上起至右肩前，掌心向右，指尖向上。同时收回右脚在左脚内侧，脚尖点地成丁字步。眼看右掌方向，意在右掌。（图4－101）

2．右前方迈右脚落脚跟，向前弓腿，伸展左腿，成右弓步。同时，右掌由左膝前向右前方划弧展开，掌心斜向上，指尖向前；左掌由右肩前向左胯旁下捺，掌心向下，指尖斜向前。右肩在右手前展时展腰右靠，身略前倾。眼看左手方向，意在右掌。（图4－102）

3．身微向右转，右手划弧至左肩前，掌心向左，指尖向上；左手垂掌划弧至右膝旁，掌心向右，指尖向下。同时收左脚在右脚内侧，脚尖点地，成丁字步。眼看左掌方向，意在左掌。图同4－101，唯左右相反。

4．同本式动作之2，唯左右相反。（图4－103）

5．同本式动作之3，唯左右相反。（图4－101）

6．同本式动作之2，图同4－102。

图4－101

图4－102

图 4 – 103

### 六十三　右抱七星　1 动　重式

重心移向左腿，右脚收回半步，脚跟着地，两手的动作同右抱七星。

### 六十四　右野马分鬃　2 动　重式

同第六十二式动作之 1、2，图同 4 – 101、4 – 102。

### 六十五　左右玉女穿梭　8 动

1. 同第六十二式左右野马分鬃动作之 3。

2. 身微向左转，左脚向左前 45 度角处迈步落脚跟，向前弓腿，伸展右腿成左隅步。同时左手仰掌，经右臂下向左上方划弧，指尖斜向前，腕略高于肩；右手由左肩前划弧，指尖移至左脉门处。眼由左食指方向前视，意在左掌。(图 4 – 104)

3. 身向左转，重心移向右腿，左脚尖翘起。左手松腕立肘向左额上划弧，掌心向上，指尖斜向后，略高于头；右手指扶于左脉门处随之左转，松肩垂肘，掌心向左，指尖向上。眼随左手食指运动方向前视，意在左手。(图 4 – 105)

图 4－104

图 4－105

4．向前弓腿，伸展右腿，成左隅步，左手随之旋转撑掌向上，指尖向右；右手立掌前按，腕与肩平，大指遥对鼻尖，面向西南。眼由右食指方向前视，意在右掌。（图 4－106）

5．身向右转，以左脚跟为轴，脚尖内扣 45 度，右脚跟放松，脚尖着地。左手随之划弧至右肩前，掌心向外，指尖向上；右手垂掌划弧至左膝前，掌心向左，指尖向下。眼由左掌方向前视，意在左掌。（图 4－107）

图 4－106

图 4－107

6．动作说明同本式之 2，唯左右相反，方向东南，见图4－108。

7. 动作说明同本式之 3，唯左右相反，方向东南，见图4－109。

8. 动作说明同本式之 4，唯左右相反，方向东南。见图4－110。

图 4－108

图 4－109

图 4－110

### 六十六　右抱七星　1动　重式

重心移向左腿，右脚尖翘起，向左横移半步，脚跟着地，两手下落，合于胸前，右手在前，掌心向左，指尖向上，腕与肩平，大指遥对鼻尖，左手在右肘内侧，掌心向右，指尖向上。眼看右手食指方向，意在右掌，方向正东。图略。

### 六十七　右野马分鬃　2式　重式

动作说明同第六十四式右野马分鬃，唯方向正东。图略。

### 六十八　左右玉女穿梭　8动　重式

动作说明同第六十五式左右玉女穿梭。唯 1—4 动方向东北，5—8 动方向西北。见图 4－104 至图 4－110。

### 六十九　右抱七星　1动　重式

## 七十　揽雀尾　5动　重式

## 七十一　单鞭　2动　重式

## 七十二　云手　5动　重式

## 七十三　单鞭　2动　重式

以上重式动作说明及图解同前。

## 七十四　下势　3动

1. 身微向左转，重心移向左腿，左脚尖外开，伸展右腿。同时，左手俯掌向前伸展，逐渐翻掌向外，大指向下，高与肩平；右手钩变掌，下落经腹前向左划弧至左膝外侧，掌心向左，指尖斜向下。眼由左食指方向向前视，意在左掌。(图4－111)

2. 重心移向右腿，身微向右转，右脚尖外展；伸展左腿。同时，两手掌心向外，宽与肩同，指尖向上，上起经面门前划弧至右后方，右掌指尖高与头平，左掌略低于右掌。眼看右手食指方向，意在两掌。(图4－112)

图4－111

图4－112

3. 向左转腰松胯，右腿曲膝下蹲，左腿伸展成仆步，同时，两手随腰旋转下沉前穿，左臂伸展向前，掌心向外，指尖贴近左脚；右臂曲肘，翻掌向内，指尖向前，贴近左肘。（切勿弯腰低头）眼看左手前方，意在左掌。（图 4－113）

图 4－113

## 七十五　左右金鸡独立　5 动

1. 重心上起，左脚尖外开转向正东落平，重心移向左腿，伸展右腿，右脚尖内扣成左弓步。同时左臂曲肘挑掌上起至胸前，指尖向上，掌心斜向内；右手掌心向上，前伸至左肘下，眼向前平视，意在左掌。（图 4－114）

2. 右掌沿左小臂外侧上穿至头上，翻掌向上成撑掌，指尖向左；左手随之下按，掌心向下，指尖斜向右。同时，提右膝，膝高于胯，右脚尖上翘内扣，成左独立步；左掌右脚上下相对。眼向前平视，意在右掌。（图 4－115）

图 4－114

图 4－115

3. 右前方落右脚跟，右掌随之向右前划弧下落，腕与肩平，掌心向左，指尖向前；左手同时上起至右小臂内侧，指尖向前，

掌心向右。眼看右食指前方，意在右掌。（图 4－116）

4．落平右脚，向前弓腿，身微向左转，右手翻掌向上，左手翻掌向下，经右小臂上向左抹掌落至左胯旁，指尖向前；右手向左划弧经左臂下返至左肩前；随之身微向右转，右手向右前方伸展，高与肩平，掌心向上，指尖向前。眼由右手方向平视，意在右掌。（图 4－117）

5．右手向左划弧逐渐翻掌向下，落至腹前，指尖斜向前；左腕放松上提至右耳前，掌心向内，指尖向前。同时，提左膝，膝高于胯，左脚尖上翘内扣，成右独立步，右掌与左脚上下相对，眼向前平视，意在左手。（图 4－118）

图 4－116

图 4－117

图 4－118

### 七十六　倒撵猴　7 动　重式

动作同前，唯第一动，左掌前按，左后方落平左脚，右手搂至右膝旁。其他动作说明从略。

### 七十七　斜飞势　3 动　重式

### 七十八　右抱七星　1 动　重式

### 七十九　提手上势　3 动　重式

### 八十　白鹤亮翅　3动　重式

### 八十一　左搂膝拗步　3动　重式

### 八十二　海底针　2动　重式

### 八十三　扇通背　2动　重式

### 八十四　撇身捶　2动　重式

### 八十五　进步搬拦捶　4动　重式

左手俯掌向右下划弧至右肋前，指尖向右，右拳上起至左掌下，左前方迈左脚落脚跟。同时，两手向右前方伸展，高与胸平。眼由左食指方向前视，意在右拳。其他动作同第十二式上步搬拦捶。

### 八十六　上步揽雀尾　4动　重式

### 八十七　单鞭　2动　重式

### 八十八　云手　5动　重式

### 八十九　单鞭　2动　重式

以上重式动作说明及图解同前。

### 九十　高探马　2动

1. 动作同第三十六式1动。
2. 右手俯掌前伸，指尖斜向左，高与肩平，左掌收至腹前，

掌心向上，指尖向右，左脚收回半步，脚尖点地，成左虚步，眼由右手食指方向前视，意在右掌。（图4－119）

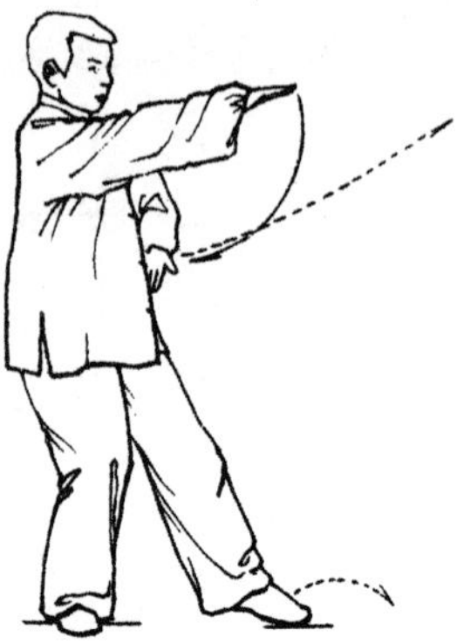

图4－119

## 九十一　扑面掌　2动

1．右手向左腋下划弧下落，指尖向左，掌心向下；左手上起，经右手背上前穿，逐渐翻掌向外，指尖向上，腕同肩平。同时提左脚左前方落脚跟。眼由左食指方向前视，意在左掌。（图4－120）

2．向前弓腿，伸展右腿，成左弓步，同时左掌向前按出，腕与肩平，指尖向上，掌心向外，大指遥对鼻尖；右手置于左腋下，掌心向内，指尖向左。眼由左食指方向前视，意在左掌。（图4－121）

图4－120

图4－121

## 九十二　转身十字摆莲　2动

1．身向右转，以左脚跟为轴，脚尖内扣，右脚跟放松，面向西南方；左掌随转身划弧至右肩前，掌心向右，指尖斜向上，右掌向内，微向外伸展。眼看左手方向，意在左掌。（图4－122）

2．右脚上起，自左向右弧形横摆。同时，左手自右向左划弧，以手背迎击右脚面而过，右手未变。眼看右前方，意在左掌。（图4－123）

图 4－122

图 4－123

## 九十三　搂膝指裆捶　4 动

1. 右前方落右脚跟，右掌向右膝前划弧下按，掌心向下，指尖向前，左手松腕，划弧上提至右耳旁，虎口向上，指尖向前，眼由右食指方向前视，意在右掌。图同 4－25。

2. 动作同第四十一式进步栽捶之 4。

3. 动作同第四十一式进步栽捶之 5。

4. 动作同第四十一式进步栽捶之 6。唯右手变拳，提至右腋旁，随左腿前弓，右拳向前击出，拳顶向前，拳眼向上，高与裆平；左手立掌划至右肘内侧。面向正西，眼由右拳方向前视，意在右拳。见图 4－124

图 4－124

## 九十四　上步揽雀尾　4 动　重式

## 九十五　单鞭　2 动　重式

### 九十六　下势　3 动　重式

以上重式动作说明及图解从略。

### 九十七　上步七星　2 动　重式

1. 动作说明同第七十五式左右金鸡独立之 1。

2. 右手沿左小臂外上起至面门前，两腕成十字交叉，左手掌心向右，右手掌心向左，指尖均向上。同时右脚向前半步，脚跟着地，成坐步。眼向前平视，意在两手。（图 4－125）

图 4－125

### 九十八　退步跨虎　2 动

1. 右后方撤右脚落平，重心移向右腿，左脚跟放松，两掌随之下沉至腹前，眼向前平视，意在两手。（图 4－126）

2. 两掌向两侧弧形分开，右手掌心向外，指尖斜向上，腕与肩平；左手由掌变钩，高与肩平，钩尖向下。同时，提左膝，膝高于胯，小腿自然下垂，脚尖上翘，脚面内扣，眼向前平视，意

图 4－126

图 4－127

在右掌。（图 4 - 127）

## 九十九 转身扑面掌 2 动

1．以右脚掌为轴，身向右转 180 度，面向正西，随转身，左前方落左脚跟，同时，左手由钩变掌，圈向腰间翻掌向外前按，右手翻掌向上，划弧落平至左腋下。眼由左食指方向前视，意在左掌。（图 4 - 128）

2．动作同第九十一式扑面掌之 2。（图 4 - 129）

图 4 - 128

图 4 - 129

## 一〇〇 转身双摆莲 3 动

1．动作同第九十二式十字摆莲之 1，唯方向东北，图同 4 - 122。

2．身向右转，面向东南，右掌向右前划弧成立掌，掌心向外，指尖向上，腕与肩平；左手随之向右划弧至右臂前，掌心斜向下，指尖斜向上；左胯放松微沉，右脚跟放松，脚尖着地，眼看右手食指方向，意在右手。（图 4 - 130）

3．右脚自左向右划弧横摆，两掌自右向左划弧，依次迎击右脚外侧，左手在先、右手在后。眼由手脚撞击方向前视，意在两掌。（图 4 - 131）

图 4 – 130

图 4 – 131

## 一〇一　弯弓射虎　3 动

1．右前方落右脚跟，身微向左转，两手划弧落至左前方，左手在上，掌心向外，腕同肩平，指尖斜向上；右手落至左臂前，掌心斜向下，指尖向左，眼由左食指方向前视，意在左掌。（图 4 – 132）

图 4 – 132

2．身向右转，两胯松沉，重心移向右腿，正东方向落平右脚，伸展左腿，内扣左脚尖成右隅步。同时，两手下沉经腹前向右后方划弧展开，掌心向外，指尖斜向上，右腕高与肩平，左手落于右臂前，眼由右食指方向前视，意在右掌。（图 4 – 133）

3．身向左转，腰微前俯，同时，两掌变拳，圈拳向左前击出，右拳在上，高与头平，拳心向外，拳顶向前；左拳在下，两拳眼上下相对，相距 20 公分许。眼由右拳方向前视，意在右拳。（图 4 – 134）

图 4－133

图 4－134

## 一〇二　上步措捶　2 动

1. 左拳拳心翻转向上，拳顶向前，向前伸展，右拳俯拳向下，划弧至左小臂上，拳顶向左；同时，提左脚左前方迈步落脚跟，眼由左拳方向前视，意在左拳。（图 4－135）

2. 向前弓腿，伸展右腿成左弓步，同时，左拳措捶向前，高与胸平，拳心向上，拳顶向前；右拳拳心向下，拳顶向左，贴于左臂上。眼向前平视，意在左拳。（图 4－136）

图 4－135

图 4－136

## 一〇三　扑面掌　2 动　重式

1. 重心后移，左脚尖翘起，成坐步，左拳随之抽回变掌，掌心向上，指尖向前，右臂前掤，拳形不变，与左拳上下相对。眼

向前平视，意在右拳。(图 4－137)

2. 向前弓腿，落平左脚，伸展右腿成左弓步，同时右拳变掌：左手前穿经右掌上翻掌前按，掌心向外，指尖向上，腕与肩平，右掌下採至左腋下，掌心向内，指尖向左，眼由左食指方向前视，意在左掌。(图 4－138)

图 4－137

图 4－138

## 一〇四　转身撇身捶　2动　重式

1. 以左脚跟为轴，身向右转，扣左脚落平，右脚跟放松，成虚步；同时两掌下落，在腹前交叉，虎口向内，左掌在外，右掌在内，指尖斜向下。眼由右手食指方向前视，意在两掌。(图 4－139)

2. 动作同第三十式撇身捶之 2，唯方向正西。(图 4－140)

图 4－139

图 4－140

## 一〇五　上步高探马　2动　重式

1．左前方迈左脚落脚跟，同时，右拳变掌，翻掌向外，指尖向上；左手随之翻掌向上，眼看右掌方向，意在右掌。（图4－141）

2．动作同第三十六式左高探马之2，唯方向西南。（图4－142）

图4－141

图4－142

## 一〇六　上步揽雀尾　5动　重式

右前方迈右脚落脚跟，同时，右手随之翻掌向内，左手翻掌向下，上起扶于右脉门处，向前弓腿，做挤式。见图4－143，其他各动同第二式揽雀尾。（从略）

图4－143

## 一〇七　单鞭　2动　重式

## 一〇八　合太极　2动

1．右钩变掌，两掌俯掌向两侧伸展，同时，松胯沉气，眼看右掌方向，意在右掌。（图4－144）

2. 重心移至右腿，两肘放松，两手俯掌回圈，合于胸前，指尖相对，同时，收回左脚落成自然步，重心归于两腿，眼向前平视。两腿慢慢伸展，身体起立，两手下按至脐，分向身体两侧，掌心向内，自然下垂，如无极式。眼神渐至收回。(图 4－145)

图 4－144

图 4－145

# 第五章　吴式太极剑

## 吴式太极剑简介

吴式太极剑是深受人民群众喜爱的武术项目之一。吴式太极剑共有六十四式，它是在太极拳的基础上创造发展起来的。它的动作优美、柔和、协调，剑法清楚，既有太极拳的阴阳变化，沾连粘随，又有剑术灵活多变的攻防意识。如刺、劈、点、拦、截、挂、撩、抽、带、抹等等方法。

练习太极剑，除了身法、步法、剑法以外，剑指的配合也非常重要。它除了协助剑的攻防用法以外，还可以维持身体的平衡和动作的协调、完美。除此之外，眼神的配合也十分重要，要做到剑到眼到，“剑神合一”，使身、剑、神三者密切结合起来。

### 一　执剑法

1. 左手握剑，拇指扣在一边的护手后部，食指伸直扶在剑柄上，其余四指扣在另一边（多用于起势、收势）。

2. 剑刃上下垂直，虎口对着上刃，拇指在里，其余四指在外（平掌握剑）。

3. 双手握剑，右手握剑柄前部，左手握剑柄后部。另一种右手剑，左手心贴在右手背部，或两手心相合。

总之，剑的用法不同，握剑的方法也不同，握剑的松紧要自然，不可太紧，也不可太松。

### 二 步法、步型

步法与拳相同，也可参照图解中的步型。

## 吴式太极剑剑目

一 预备式（2 动）
二 起式（20 动）
三 分剑七星（7 动）
四 上步遮膝（1 动）
五 翻身劈剑（2 动）
六 进步取膝（1 动）
七 卧虎当门（2 动）
八 倒挂金铃（3 动）
九 指裆剑（1 动）
十 劈山夺剑（3 动）
十一 逆鳞刺（2 动）
十二 回身点（2 动）
十三 沛公斩蛇（2 动）
十四 翻身提斗（3 动）
十五 猿猴舒臂（3 动）
十六 樵夫问柴（2 动）
十七 单鞭索喉（1 动）
十八 退步撩阴三剑（10 动）
十九 卧虎当门（2 动）
二十 梢公摇橹（2 动）
二十一 顺水推舟（2 动）
二十二 眉中点赤（3 动）
二十三 反剪腕（2 动）
二十四 翻身劈剑（2 动）
二十五 玉女投针（3 动）
二十六 翻身连环挂（2 动）
二十七 迎门剑（3 动）
二十八 卧虎当门（1 动）
二十九 海底擒鳌（1 动）
三十 魁星提笔（1 动）
三十一 反手式（1 动）
三十二 进步栽剑（3 动）
三十三 左右提鞭（2 动）
三十四 落花待扫（1 动）
三十五 左右翻身劈剑（4 动）
三十六 抱月式（4 动）
三十七 单鞭式（1 动）
三十八 肘底提剑（2 动）
三十九 海底捞月（3 动）
四十 左右横扫千军（6 动）

## 吴式太极剑动作解说

### 一　预备式　2 动

面南站立、两脚平行，身体直立，头颈正直，两臂自然下垂，眼平视前方，自然呼吸，嘴轻闭。左手反握剑，剑刃朝前后，剑身紧贴小臂外侧，右手握成剑指，手心向里。（图 5－1、5－2）

图 5－1

图 5－2

## 二 起势 20动

1．坐步合剑。两腿下蹲，左手执剑，以剑柄向前上方指出，高与眼平，重心移于右腿，左脚前迈，脚尖翘起，同时剑指由右侧划起合于左腕部，意在剑柄。(图5－3)

2．侧弓前挤。左脚内扣，前弓步，同时剑指合于左腕部，左手执剑微曲右指，左臂成半圆形，腕与肩平，剑刃垂立，胸向西南。(图5－4)

图5－3

图5－4

3．坐步划指。向右转身，胸向西，右脚向前迈步，脚尖翘起，（左坐步）同时剑指顺剑柄前划，高与眼平，剑柄按于右腕部，眼随剑指动。(图5－5)

4．右弓前挤。右脚落平弓腿，左腿后蹬，剑柄向前曲臂前挤（如鼻平），贴挤在右腕部。意在剑柄，胸向西，眼注视剑指。(图5－6)

5．坐步下採。剑柄推动剑指向右舒展开，手心翻向下，重心后坐，右脚尖翘起，剑柄贴于右腕部，肘微曲，随后坐，同时下採右腹前，眼注视剑指，意在剑柄。(图5－7)

6．转臂右弓。两手转臂，身微左转，弓右腿，随之两手微左

划向前舒伸开，剑柄不离开右腕部，右手心向里，左手执剑手心向下，剑指高如眼平，意在剑柄。（图5－8）

图5－5

图5－6

图5－7

图5－8

7. 坐步回圈。重心移左腿（后坐），右脚尖同时翘起，同时曲臂垂肘，剑指向右划弧圈至右肩上方，剑柄按于右腕部不动，眼随剑指动，意在剑指。（图5－9）

8. 左转前按。身向左转，扣右脚落平，同时剑指向西南方按出，剑柄不离右手腕部，重心同时移右腿，右腕如眼平，意在剑柄。（图5－10）

图 5－9

图 5－10

9. 左转下拨。身向左转（东），松开左脚跟，左手执剑向左下方前拨（剑柄高过膝），同时右手剑指随剑前拨，同时圈至耳门。意在剑柄。（图 5－11）

10. 左弓前指。左脚向前迈半步，弓腿（东），剑指由耳门向前指出，高与眼平，左手执剑垂立左侧，手心朝外，刃朝前，意在剑指。（图 5－12）

图 5－11

图 5－12

11. 两侧展臂。身向右转，重心移至右腿，蹬左脚跟，同时回收右脚跟，剑指随转身外划右侧（西），左手持剑以柄向东展开，胸朝南，两臂各分东西，意在剑指。（图 5－13）

12. 丁步回圈。两臂曲肘，左手执剑，与剑指同时由两侧平

行回拢胸前，手心均朝外，高与肩平，剑指按于剑柄处，同时收左脚至右脚旁（丁字步），意在剑柄。（图 5－14）

图 5－13

图 5－14

13．前拨圈指。身向左转，左手执剑以剑柄向前上拨出，与肩平，右剑指划圈耳门。（转身拔剑，圈剑指要同时进行）意在剑柄。（图 5－15）

14．左弓前指。向前迈左脚弓步，此动作与图 5－12 相同。

15．上提下划。右剑指向左前下划，左手执剑，曲臂上提至耳旁，上身微前俯，意在剑指。（图 5－16）

图 5－15

图 5－16

16．进步指剑。右脚收回左脚内侧，再向前迈出，弓腿，左手执剑向前方指出，右剑指下划至右胯旁，剑贴左臂外侧，腕部如肩平，意在剑柄，胸朝东。（图 5－17）

17. 提指下划。右剑指曲臂上提至耳门，同时左手执剑向前下方划。意在剑柄，身体微前俯。（图 5－18）

图 5－17

图 5－18

18. 上步前指。此式重复动作与图 5－12 相同。

19. 两侧展臂。此式重复动作与图 5－13 相同。

20. 丁步回圈。此式动作与图 5－14 相同。

## 三　分剑七星　7 动

1. 接剑前刺。右手在外握剑，左手变剑指，然后两手平行向前刺指，两臂如肩平，掌心均朝下，眼平视前方，意在剑尖。（图 5－19）

2. 丁步平斩。两臂同时向左右分开，如肩平，手心均朝下，剑要放平，眼随剑动，意在剑身。（图 5－20）

图 5－19

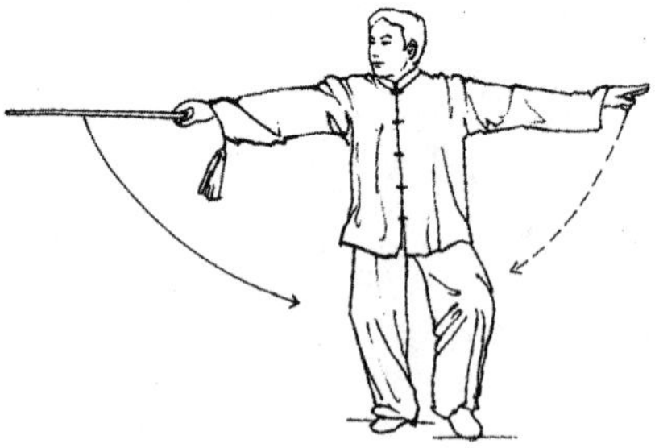

图 5－20

3. 丁步压剑。胯放松，肩肘下垂，两腿微蹲，两臂同时下压，落于

胯旁,右手执剑,剑朝西,刃分上下,眼随剑动,意在剑身。(图5－21)

4．弓步托剑。左脚前上步，弓腿，右手执剑由下转臂，（掌心向里）向上托起，剑如头平，左剑指同时合在剑柄处，意在剑刃，眼随剑动。(图5－22)

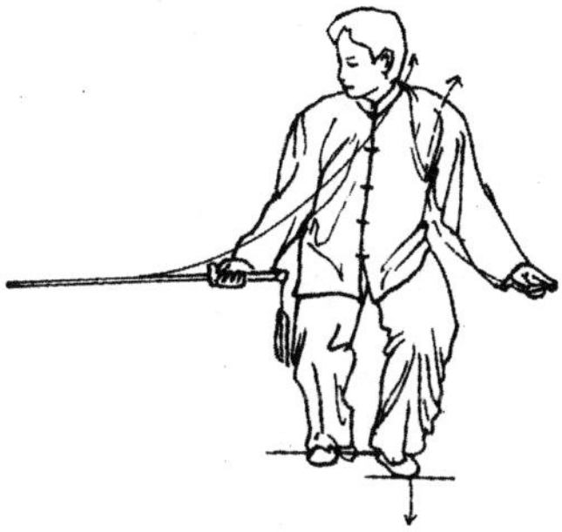

图5－21

图5－22

5．弓步左压。右手执剑，松肩，坐腕，剑下落胸前，然后剑身平落左下方（立剑刃分上下），同时剑指合于右腕处，眼随剑动，意在剑身。(图5－23)

6．叉步下按。松腰、松胯，气下沉，两膝微微下蹲，右腿从后向左，（东）投步落脚尖，重心于左腿，意在剑下刃。(图5－24)

图5－23

图5－24

7．分剑望月。右手执剑转臂，反手向前上方举，（掌心向外）高过头，剑身要平，剑指同时向左上前划起，右脚在两手上举同时，屈膝上抬脚，脚心向上，胸朝南，剑横于头上，（东西）眼看

剑指，意在剑尖。（图5－25）

## 四　上步遮膝　1动

虚步反撩。身向右转，右手执剑向右斜前反撩，手心向北，剑尖与膝平，同时右脚向右斜前方落下，脚尖点地，剑指合于右小臂上，胸朝西北，眼随剑动。（图5－26）

图5－25

图5－26

## 五　翻身劈剑　2动

1. 独立提剑。右手剑上提，（腕如肩平）剑指不动，同时提起右膝，脚面放松，意在剑刃。（图5－27）

2. 转身劈剑。向右转身，右手剑向右斜前方（东南）抡劈，同时落右脚弓腿，左手剑指经腰间划弧至左上方，胸朝东，眼随剑动。意在剑前下刃。（图5－28）

图5－27

图5－28

## 六　进步取膝　1动

弓步斩膝。身向左转，开左脚尖，右手剑向左前下（西北）平斩，同时右脚向右前迈步弓腿，剑尖与膝平，剑指合于右腕部，意在剑尖，胸朝西北。（图5－29）

图5－29

## 七　卧虎当门　2动

1. 转身上托。取膝之后，身向左转，左脚跟回收，重心移至左腿，同时右手剑经身前向左上平托，高与头平，剑指合于剑柄处，（左侧弓步）眼随剑动，意在剑刃。（图5－30）

2. 丁步托剑。上式托剑后，剑向东西，胸朝南，右手执剑，手心向里，右脚收回左脚旁（丁字步）。（图5－31）

图5－30

图5－31

## 八　倒挂金铃　3动

1. 迈步落剑。右手执剑垂肘坐腕，剑尖向左后划弧下落左胯外，同时身向右转，右脚前迈步，脚尖翘起，（西北）剑指合于右小臂上，眼看剑，意在剑下刃。（图5－32）

2. 并步压剑。身向右转，右脚落平弓腿，左脚同时并步于右脚旁，身体下蹲，剑收至左胯外，胸朝西北，眼看剑尖。（图 5 – 33）

图 5 – 32

图 5 – 33

3. 提膝撩挂。重心移于左腿，右手执剑，反手侧立，剑上提撩挂，身体随剑微起，右腿提起。（提膝）右手执剑，提至右耳旁，剑身斜向下，左剑指下落右脚旁，手心向下，眼看剑指，意在剑上刃。（图 5 – 34）

## 九　指裆剑　1 动

落步前刺。右手剑以剑尖下刺，与裆平，右臂伸直，肩肘放松下沉，重心微落，剑指合于右小臂上，胸向西北，意在剑尖。（图 5 – 35）

图 5 – 34

图 5 – 35

## 十　劈山夺剑　3动

图5－36

1．左侧挂剑。右手剑以剑尖下刺里挂，腕要放松，意在剑尖。（图5－36）

2．右侧挂剑。右手剑尖由下向后上翻起一大圈，然后身向右转，剑再向右后挂刺，手心朝外，虎口朝下，同时右弓腿，左脚跟抬起（成卧步），剑指合于腕部不动，眼随剑动，意在剑尖。（图5－37）

3．上步前劈。右手执剑转臂反腕举剑向右前（西北）劈出，与肩平，同时左脚向前迈一步，随即弓腿，左剑指经腰间划至左上方，眼随剑动，意在剑下刃。（图5－38）

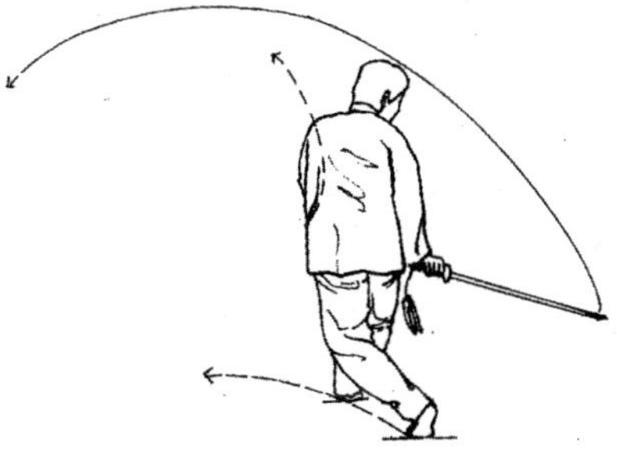

图5－37

图5－38

## 十一　逆鳞刺　2动

1．左下压剑。重心微下沉，右手剑回抽左膝外侧，同时剑指下落右腕处，剑回抽有下压之意，眼随剑动，意在剑根部。（图5－39）

2．进步前刺。右手剑下压后不动，右脚前上一步弓腿，（西北）随右弓腿同时，两手左右分开，右剑向前直刺，（立剑）剑尖高与眼平，手心向左，剑指同时划于左上方，眼随剑动，意在剑尖。（图5－40）

图5－39

图5－40

## 十二　回身点　2动

1. 转身落剑。身向左转，扣右脚，回收左脚跟，同时剑由上划一弧线落裆前，重心移向右腿，右手心向里，左剑指收于腰间，胸转西南，眼随剑动，意在剑尖。（图5－41）

2. 弓步前点。右手剑以剑尖扬起，左脚向前迈步（东南），随即弓步，剑尖继续上起，然后突然松腕下点，剑尖与喉平，同时左剑指由腰间后划弧至左上方，眼随剑动，意在剑尖（点剑时右臂尽力伸长）。（图5－42）

图5－41

图5－42

## 十三　沛公斩蛇　2动

1. 后仰圈剑。重心后移，上身后仰，左脚尖翘起，同时右肘回曲，右腕内合，剑尖圈向胸前，右手心向下，两臂分向两侧，胸向东南，眼看剑尖。(图5－43)

2. 上步平斩。右手剑内旋腕，剑刃由里向右划半圈，向前平斩如腰平，同时左脚外开落平，右脚前上步，脚掌落地，(东)剑指合于右腕部，眼随剑动，意在剑刃，右手心朝上。(图5－44)

图5－43

图5－44

## 十四　翻身提斗　3动

1. 右转下刺。身向右转，右脚外开，重心随移，右手剑上提剑柄，剑尖下垂，同时身转，剑右划弧下刺右后方，右手心外翻，胸转向南，眼随剑尖动，剑指合于剑柄处。(图5－45)

2. 并步压剑。此动作重复与图5－33相同，以右脚跟为轴转向西，左脚同时跨上并步。

3. 提膝前撩。右手剑向前上提撩，虎口朝下，提至耳旁，同时身体微起，左腿独立，提起右膝，右脚上抬，剑指下落右脚上，眼看剑指，意在剑刃。(图5－46)

图 5 –45

图 5 –46

十五　猿猴舒臂　3 动

1. 落步前刺。此动作重复与图 5 –35 相同，此式胸朝西。

2. 卧步回托。右手剑向上方提托，剑尖朝西南，右手收至耳旁，手心朝外，剑指合于右腕部，右脚跟前蹬，重心随移右腿，左脚跟抬起，眼随剑动，意在剑根部，胸向西南，保持肩肘松垂。(图 5 –47)

3. 上步斜刺。右手剑向前上斜刺，高过头，手心向外，右臂舒展伸开，背拔长，同时左脚上步弓腿，剑指合于右小臂上，眼看剑尖，胸向西南，避免抬肘架肩。(图 5 –48)

图 5 –47

图 5 –48

## 十六　樵夫问柴　2动

1. 仰面过剑。身体右转，扣左脚，胸转向北，仰面从右臂下转过，回收右脚跟，右臂要保持向前舒展，两肘下垂，手心朝北，眼注视剑，意在剑中刃。(图5－49)

2. 转身刺剑。提起右腿，身向右转，右脚随即落下，侧弓腿。(南) 同时两臂微曲，向右前刺，(西南) 右手心向里，剑指合于右腕处，眼看剑尖。(图5－50)

图5－49

图5－50

## 十七　单鞭索喉　1动

转身前劈。身向左转，开左脚，随即弓腿，左剑指经身前划弧至左上方，右手执剑，由上抡起前劈，右腿同时蹬开，眼随剑动，剑尖与眼平，胸向东北。(图5－51)

图5－51

## 十八　退步撩阴三剑　10动

1. 落指沉剑。剑指下合右腕部，同时身体微下沉，腰胯放松，肩肘下垂，眼看剑，意在剑根。(图5－52)

2. 盖步后撩。右脚前上，横落步（盖步），身向右转，重心右移，左脚跟抬起，同时右手剑以前刃向后撩，手心向西，立剑，剑尖与裆平，左剑指合于右肘部，胸转向东，眼随剑尖动。(图5－53)

图5－52

图5－53

3. 左转前指。剑指收回眼前，然后向前指出与眼平，(东北) 右手剑转臂手心朝上，眼看剑指。(图5－54)

4. 上步前劈。左剑指下划经腰侧，至左上方，左脚上步，(东北) 弓腿，同时右手剑上划向前抡劈，高与眼平，眼看剑尖。(图5－55)

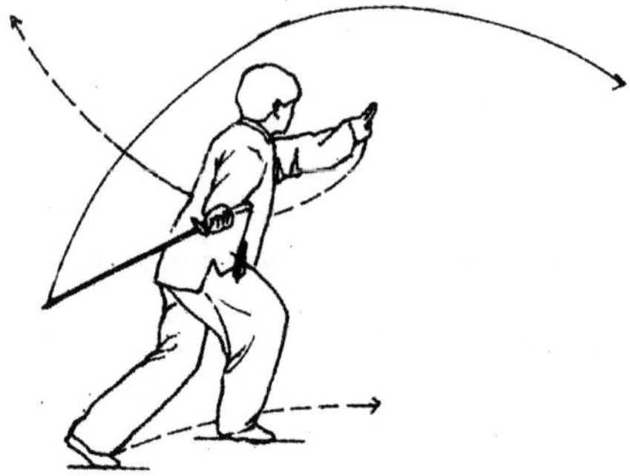

图5－54

图5－55

以下重复动作：

5. 落指沉剑。同图5－52。

6. 盖步后撩。同图5－53。

7. 转身前指。同图5－54。

8. 上步前劈。同图5－55。

9．落指提膝。（接图5－55）右手剑微垂，同时提起右腿，脚面放松，剑指同时合于右腕部，胸向东北，眼注视剑尖。（图5－56）

10．转身后撩。右脚向右后落一大步，弓腿，左脚后蹬，（侧弓步）同时右手执剑向西南反手撩出，立剑，手心向西，剑尖与裆平，意在剑尖。（图5－57）

图5－56

图5－57

## 十九　卧虎当门　2动

1．左转托剑。身向左转托剑，重心随移左腿，（弓步）右手剑转臂经身前向左上托起，（剑向南北）高与头平，剑指合于剑柄处，眼随剑动，意在剑中刃。（图5－58）

2．并步托剑。右脚收回左脚旁，并步，胸向东。（图5－59）

图5－58

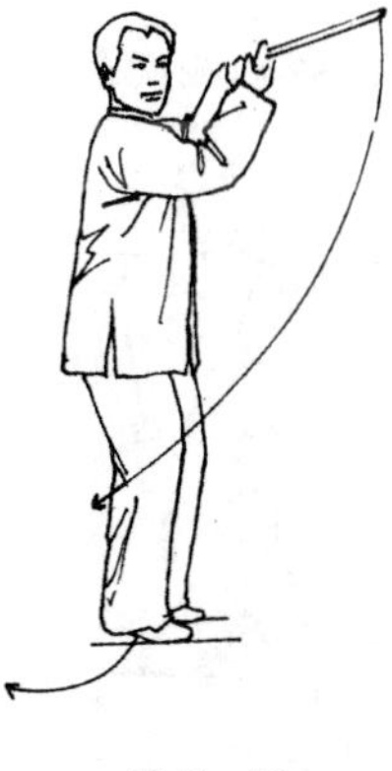

图5－59

## 二十　梢公摇橹　2动

1. 右转下刺。身微右转,右脚向南横迈步,重心随移,右手剑以剑尖向右下方刺,剑尖对准左脚跟,剑指合于剑柄处,眼看剑尖。(图5-60)

2. 左转扫剑。身向左转，以腰背带动两臂执剑，向左前上方扫剑，剑柄收于腹前。剑尖指向西南，高与眼平，眼随剑尖动。(图5-61)

图5-60

图5-61

## 二十一　顺水推舟　2动

1. 沉剑上步。右手剑以剑根部下沉，左脚向前上步，脚尖翘起，腰胯放松，剑指合于剑柄处，胸向西南，眼看剑尖。(图5-62)

2. 上步前刺。左脚落平，右脚提起上步弓腿，同时右手执剑随后上步，向前上刺出，剑尖与眼平，左剑指同时划左上方，眼随剑尖动，胸向西南。(图5-63)

图5-62

图5-63

## 二十二 眉中点赤 3动

图 5－64

1. 收指左截。重心后坐，右脚尖翘起，右手剑向左拦截，剑尖与眼平，右手心向上，左剑指收回腰间，意在剑尖。（图 5－64）

2. 右转外拦。右手执剑转臂外翻，向右外拦，手心向下，同时身体微右转，剑尖如眼平，右脚外开落平，意在剑尖。（图 5－65）

3. 上步点剑。右手剑坐腕，立剑，剑尖过顶，左脚前上步，（西南）随即弓步，然后右手剑以腕部放松发力，剑尖前点（两眼中间），左剑指由腰间划至左上方，眼随剑尖动，胸向西南。（图 5－66）

图 5－65

图 5－66

## 二十三 反剪腕 2动

1. 回头剪腕。右手剑坐腕，垂肘，以剑的上刃向后反剪至右肩外侧，剑指合于剑柄处，回头眼注视剑尖。（图 5－67）

2. 撤步运剑。右手剑向后运刺，重心移于右腿，左脚向后撤步落下（成右弓腿），方向不变，眼随剑尖动。（图 5－68）

图 5－67

图 5－68

## 二十四　翻身劈剑　2 动

1. 转身立剑。右手执剑，松肩，垂肘，坐腕，身前抱剑垂立，右手心向左，左剑指变掌合在右掌心上，同时提起右腿，以左脚为轴右转 180 度，胸朝东北，眼向前看，转身要稳，左膝微曲。（图 5－69）

2. 落步劈剑。右前方落步弓腿（东北），右手执剑向前抡劈，与眼平，左手成剑指经腰间上划，眼随剑尖动。（图 5－70）

图 5－69

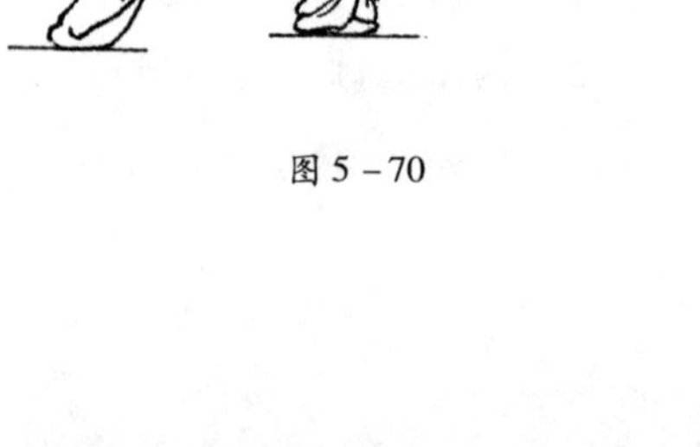

图 5－70

## 二十五　玉女投针　3动

图 5－71

1．坐步左截。重心后移，右脚尖翘起，（坐步）右手执剑垂肘，坐腕，向左拦截，剑尖与眼平，手心向上，左剑指落划腰间，胸朝东北，意在剑前刃。（图 5－71）

2．右转外拦。身向右转，右手执剑，转臂翻手向右拦剑，剑尖与胸平，手心向下，右脚同时落平，重心微前移，眼随剑动，意在剑外刃，剑指不动。（图 5－72）

3．弓步左刺。左脚上步弓腿，（东北）脚尖朝东，剑指由腰间上划头上方，右手剑转臂翻手向左侧方下刺，（剑尖东北方向）胸朝东，眼看剑尖。（图 5－73）

图 5－72

图 5－73

## 二十六　翻身连环挂　2动

1．右转提剑。身向右后转，右脚尖外开，弓右腿，扣左脚，右手剑柄提至胸前，手心向里，剑尖向后下，剑指合于右腕处，眼看剑尖，意在剑下刃。（图 5－74）

2. 提膝上挂。右手执剑，以根部上提，（右腕如头平）剑尖斜朝下，立剑，手心向外，同时提起左脚，脚面放松，剑指落于左脚内侧，眼看剑指，胸朝西南，意在剑上刃。(图 5－75)

图 5－74

图 5－75

## 二十七　迎门剑　3 动

1. 落步下刺。右手剑前下刺，(松肩舒臂) 同时左脚前下落成虚步，剑指合于右小臂内侧，重心在右腿，意在剑尖。(图 5－76)

2. 上步后挂。重心前移，右脚前上一步，（西南）脚尖翘起，身向左转，右手剑翻下向左后挂剑，剑尖向下，方向东北，眼随剑动，意在剑上刃。(图 5－77)

图 5－76

图 5－77

3. 弓步抡臂。身向右转，同时弓步，右臂翻手由上划圈向右前抡劈，高与眼平，剑指划至左上方，眼随剑动。(图5－78)

### 二十八　卧虎当门　1动

并步托剑。重心左移，右手剑下落经身前划弧上托，收右脚并于左脚旁，胸向南，剑分南北，右手心向里，剑如头平，剑指合于右腕处，眼看剑尖。(图5－79)

图5－78

图5－79

### 二十九　海底擒鳌　1动

右后穿剑。右转身，右脚向西落步，脚尖向北，胸朝西，右手剑以剑尖向右后下穿剑，剑尖指东，以右脚为轴右转180度，(胸向东) 左脚跨上并步，右手剑在转身同时，转臂上划一圈落在左膝外侧，手心向里，左剑指合于右腕部，眼随剑动。此式与图5－33相同。

### 三十　魁星提笔　1动

提膝前撩1动。此式重复动作与图5－46相同，唯此式胸朝东。

### 三十一　反手式　1动

后仰劈剑。左腿独立站稳，右脚尖向前上踢出，上身后仰，

同时右手剑向后反劈，（西）剑与肩平，剑指同时向左前指出，眼随剑动。（图5－80）

### 三十二　进步栽剑　3动

1．转身下扫。右脚前踢之后，迅速向后方落下，（西）重心随移右腿，右手剑同时向右后下扫，（西）剑指随身转动，指向东，右弓腿，剑刃斜朝下，眼随剑动。（图5－81）

图5－80

图5－81

2．转身再扫。以右脚为轴，身向右再转，右手剑再向右后方下扫，（东）左脚随转落步正西，右弓步，胸转北，剑指随身转动至西，右手心向下，眼随剑动。（图5－82）

3．左转栽剑。右手剑坐腕立剑，身向左转，重心移至左腿，左脚尖开向西，随即弓步，右手剑经头上向左前下栽剑，刃朝前，剑尖低于左膝，眼看剑尖，胸朝西。（图5－83）

图5－82

图5－83

### 三十三　左右提鞭　2动

1. 转身上挑。右手剑以剑尖向左后方划，身左转，右脚向前上步（正西）扣脚尖，重心随移，左脚抬起微左移，成右坐步，剑尖继续上挑侧立剑，手心向北，剑尖与头平，剑指合于右腕部，胸向东，眼随剑动。（图5－84）

2. 右转提鞭。身向右转，带动剑向右平转至西南，左剑指变掌合于剑柄处，手心均向里，眼随剑动。（图5－85）

图5－84

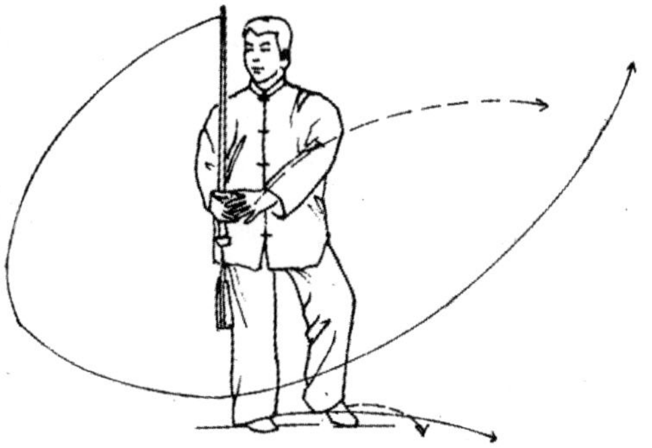

图5－85

### 三十四　落花待扫　1动

上步撩剑。身微左转，左脚向前落半步，重心随移，右脚前上一步随即弓腿，右手执剑向前撩出（与肩平）立刃，手心向上，同时剑指左上划弧下落右腕部，胸朝东，眼随剑动。（图5－86）

图5－86

## 三十五　左右翻身劈剑　4动

1. 左转劈剑。身向左转弓腿，右手剑由上向左前抡劈，与肩平，（西）手心向南，眼随剑动。（图5－87）

图5－87

2. 右转前撩。右手剑尖下落，右转身，开右脚，重心随移，左脚同时前上一步（东）弓腿，脚尖向南，重心随移，剑不停，由下向前反手撩出，（东）剑尖与胸平，剑指不动，眼随剑动。（图5－88）

3. 右转劈剑。右手剑由上向右侧抡劈，（西）与肩平，同时身向右转，右侧弓步，剑指向东分开，眼随剑动。（图5－89）

图5－88

图5－89

4. 上步撩剑。此式与图5－86相同。

## 三十六　抱月式　4动

1. 马步斩剑。（接图5－86）身向左转，重心微移左腿，两脚尖外开，扣向北，此式变成马步，胸向北，右手剑由上下斩落胸前，侧立剑，（刃分上下）剑尖向西，剑指合于右腕处，眼看剑尖。（图5－90）

2．马步分剑。两臂前伸，（前刺）然后再左右分开，右手剑放平向右侧平抹，两臂分东西，手心均向下，眼随剑动。（图5－91）

图5－90

图5－91

图5－92

3．向里平圈。两臂同时向里平圈，右手剑放平，手心向下，剑尖与胸平，眼看剑尖，胸朝北。（图5－92）

4．圈剑前斩。右手剑不停继续里圈上划，手心向上，然后向前（北）平斩，剑尖与胸平，同时重心左移，右脚前上，脚尖点地，剑指随合右腕部，眼随剑动。（图5－93）

图5－93

图5－94

### 三十七　单鞭式　1动

撤步分剑。右手剑以剑前刃向右反击，手心向上，（东南）剑尖如眼平，同时右脚向右后落步弓腿，剑指分向左右，眼随剑动。（图5－94）

### 三十八　肘底提剑　2动

1．坐步压剑。腰胯两膝放松下蹲，重心左移，然后右脚向左后落步，重心随移右腿，同时右手剑翻剑下落，手心向下，剑柄落左膝前，剑尖向前下，剑指合于右腕部，胸朝东南，眼随剑动。（图5－95）

2．独立提剑。右手剑上提，剑尖斜向下，右手提至右肩上方，身体随长起，重心移于右腿，提起左膝，剑指按于右腕部，胸朝东南，眼看剑尖，意在剑中刃。（图5－96）

图5－95

图5－96

### 三十九　海底捞月　3动

1．落步劈剑。身向右转，右手剑随势向前抡劈，（西南）剑如肩平，左脚同时下落，（东）剑指划至腰间，眼随剑动。（图5－97）

2．仆步下扫。重心左移，腰、胯、膝放松，下蹲，右手剑由右侧下落弧形扫至裆前，手心向上，剑指划至左上方，眼看

图 5－97

剑尖，胸向东，上体要保持正直，裆要圆开，肩肘要松垂。（图 5－98）

3．长身左扫。重心上长，右手剑由下弧形扫至左前方，剑尖与肩平，手心向上，剑指合于右腕处，眼随剑动。（图 5－99）

图 5－98

图 5－99

## 四十　左右横扫千军　6 动

1．捧剑右抹。右手剑翻手心向下，左剑指变掌，双手捧剑，身向右转，重心移到右腿弓步，两手捧剑向右平抹，与胸平，剑尖指向东北，眼随剑动。（图 5－100）

2．右胯横扫。左腿提膝跨起，身微右转，下落右脚外侧，剑随身动，提膝跨步、下落要连贯，眼随剑动。（图 5－101、5－102）

3．右腿前弓。重心移于左腿，右脚顺势提起前落，随即向右弓步，此式与图 5－100 相同。

4．翻剑左弓。身向左转，重心移向左腿弓步，同时双手捧剑翻转过来，右掌心向上，随弓腿至左前方，胸向东，剑尖指向西南，眼随剑动。（图 5－103）

图 5－100

图 5－101

图 5－102

图 5－103

5. 左跨横扫。右腿提膝跨起，身微左转，右脚下落左脚前侧。剑随身动，提膝、跨步、下落要连贯，眼随剑动。(图 5－104、5－105)

图 5－104

图 5－105

6. 左腿前弓。右脚落平，重心随移，左腿前上一步，随即弓步，此式与图 5－103 相同。

## 四十一　灵猫扑鼠　2 动

图 5－106

1. 前弓翻点。身向左转，两手捧剑向左前（东北）翻点剑，右手向下，剑尖同左膝平，腰胯放松下蹲，上身微前俯，胸向东，眼随剑动。（图 5－106）

2. 右转下扫。身向右转，收右脚跟，弓腿。蹬左脚，右手剑向右后侧横扫至西南方，同时左手成剑指划至左侧，上身微前俯，眼随剑动。（图 5－107）

图 5－107

## 四十二　蜻蜓点水　4 动

1. 独立举剑。右手剑以剑尖向前上挑起，同时身体长起，提起左膝，（右独立步）剑尖上划弧下刺左肩前方，剑指收于左胸前，眼看剑尖，胸朝东。（图 5－108）

2. 转身蹬点。以右脚跟为轴，向左转身至西北，左腿伸直前蹬，脚尖翘起，双手捧剑，（手心向上）以剑前刃顺着左脚掌下

翻点，眼随剑动。（图 5－109）

图 5－108

图 5－109

3. 俯身上挑。左脚下落，重心随移，身向前俯，剑同时前下刺，（双手捧剑）右脚向后上抬起，脚心朝天，两手捧剑，同时坐腕上挑，剑尖高过头，眼随剑动，胸朝西北。（图 5－110、5－111）

图 5－110

图 5－111

4. 提膝下刺。右脚收回向前迈半步下落，重心随移，然后提起左膝，（右独立步）右手执剑下刺，上身前俯，剑指划至左上方，眼看剑尖。（图 5－112）

### 四十三　黄蜂入洞　1 动

转身穿剑。左脚下落右脚后方，右手剑由下向左经左腋下后穿，眼随剑动。（图 5－113）

图 5－112

图 5－113

## 四十四　老叟携琴　1 动

图 5－114

转身合腕。右手剑继续以剑尖上领，以两脚为轴左转，胸朝北，重心移至左腿，右脚收回左脚旁，脚尖点地，两腕部同时相合，左臂在上，眼看剑中刃。（图 5－114）

## 四十五　云摩三舞　15 动

1．迈步抡劈。右脚向侧前迈步，（东）随即弓步，右手剑同时向右前抡劈，（东南）与肩平，剑指划至左上方，眼随剑动。（图 5－115）

2．上步后扫。左脚向前迈步，（东）脚尖翘起，右手剑向右后方下扫，剑尖低于膝，剑指合于右小臂上，眼随剑动。（图 5－116）

3．弓步前劈。身向左转，左脚落平，弓腿，左剑指身前划至左上方，右手剑上划向左前抡劈，（东北）与肩平，眼随剑动。（图 5－117）

4．提膝右扫。微右转，右膝上提，（左独立步）同时右手剑

向右后下扫，（西南）胸转向南，剑指合于右臂上，眼随剑动，意在剑下刃。（图 5－118）

图 5－115

图 5－116

图 5－117

图 5－118

5. 丁步托剑。右脚向前落步，（南）重心随移，同时右手剑转臂翻手，（剑尖向西）上托与头平，手心向里，曲肘，小臂直立，同时收回左脚于右脚旁，（丁步）眼看剑。（图 5－119）

6. 迈步劈剑。左脚向前迈步，（东）此式与图 5－117 相同。

7. 上步后扫。右脚前上一步，脚尖翘起，右手剑向左后下扫，手心向上，剑尖低于膝，剑指合于右腕处，胸朝北，眼随剑动。（图 5－120）

图 5－119

图 5－120

8. 弓步前劈。身向右转，弓右腿，右手外向前（东南）抡劈，剑指划于左上方，眼看剑。(图 5－121)

9. 提膝左扫。身微左转，提起左膝，右手剑由上向左后下扫，胸转北，剑指合右腕处，眼随剑动。(图 5－122)

图 5－121

图 5－122

图 5－123

10. 丁步托剑。身向左转，左脚向左前落步，（北）重心随移，同时右手剑转臂翻手上托，与头平，手心向北，曲肘，小臂直立，同时收回右脚，脚尖点地，（丁步）眼看剑尖，剑指合于右小臂上。(图 5－123)

11. 迈步抡劈。此式重复动作与图 5－115 相同。

12. 上步后扫。此式重复动作与图 5－116 相同。

13. 弓步前劈。此式重复动作与图 5－117 相同。

14. 提膝右扫。此式重复动作与图 5－118 相同。

15. 丁步托剑。此式重复动作与图 5－119 相同。

### 四十六　神女散花　2 动

1. 迈步交剑。左脚前迈一步，脚尖翘起，左手变掌握剑，眼看剑柄。（图 5－124）

2. 叉步下扫。左手握剑，向前下扫，掌心向下，左脚落平，右脚同时向左脚后方叉步落下，脚跟抬起，右手变剑指收至腰间，胯要放松，重心在左腿，眼随剑动。（图 5－125）

图 5－124

图 5－125

### 四十七　妙手摘星　3 动

1. 上挑截剑。左手剑转臂上翻，以剑尖向上翻挑，剑尖与眼平，身体拔起，眼看剑尖，胸朝东。（图 5－126）

2. 旋剑提膝。左手剑以剑前刃向左外旋，同时提起左腿，（右独立式）剑尖平。（图 5－127）

图 5－126

图 5－127

图 5－128

3．弓步指刺。左手剑外旋一小圈前刺，（手心向下）同时左脚落地弓腿，剑指也翻手前指，（手心向下）腕均同肩平，胸朝东，眼看前方。（图 5－128）

## 四十八　迎风掸尘　6 动

1．丁步立剑。此式动作重复与图 5－85 相同。

2．左转抱剑。身向左转，左脚跟外转，落平，重心移于左腿，右脚跟离地，两膝放松，胸转向北，双手抱剑旋转在胸前，仍然立剑，剑尖如头平，两手心向里，眼看剑中刃。（图 5－129）

3．右弓前刺。双手捧剑，剑身放平，（刃朝上下）右脚前上一步弓腿，双手握剑向前直刺，（东）剑尖与喉平，眼随剑动。（图 5－130）

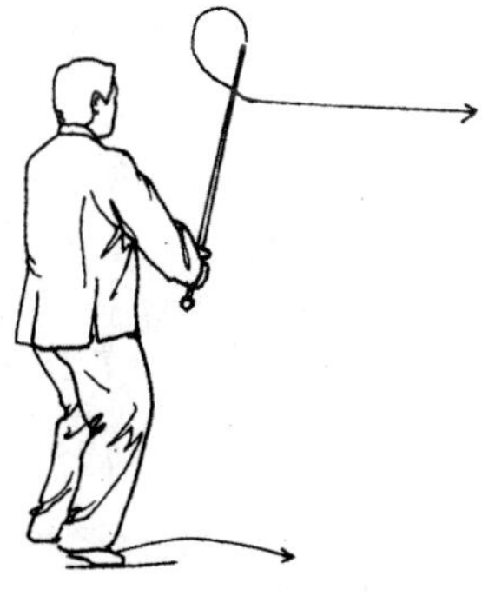

图 5－129

图 5－130

4. 左转抱剑。身向左转，收上右脚，脚尖点地，双手抱剑直立，胸向北。此式与图 5－129 相同。

5. 抱剑右转。以两脚脚掌为轴，抱剑右转，（胸转南）重心在右腿，左脚跟抬起，眼看剑中刃。（图 5－131）

6. 左弓前刺。左脚前上一步（东）弓腿，双手捧剑，剑身放平，（刃分上下）随弓腿前刺，剑尖与喉平，眼随剑动。（图 5－132）

图 5－131

图 5－132

### 四十九　跳涧截拦　4 动

1. 提膝右截。接上式，右手握剑，内扣左脚，身向右转，右手剑向右下截扫，同时提起右腿，左剑指分于左上方，（胸向西南，剑下扫正西）上身微前俯，眼随剑动。（图 5－133）

2. 反手上挑。右手握剑，以剑尖向前上反挑，剑尖高过头，手心向上，眼随剑动。（图 5－134）

图 5－133

图 5－134

3．跳跃上挑。右手握剑，以剑尖向右后由下向上抡一圈，左脚跃起，然后右先、左后，两脚落地，成坐卧步，右手剑立刃，同时下压，剑指合于右小臂上，眼随剑动。(图 5－135、5－136)

图 5－135

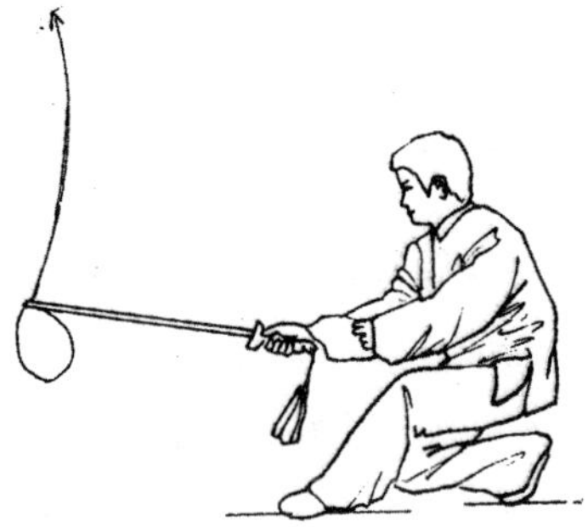

图 5－136

4．卧步上截。右手剑以剑前刃为主，由左向下再翻转上挑，意在剑尖，胸向西，眼随剑尖动。(图 5－137)

## 五十　左右卧鱼　3 动

1．长身左挂。两腿上起，右手剑转腕向左后方下刺（东），手心向里，眼看剑，胸转南。(图 5－138)

图 5－137

图 5－138

2．卧步压剑。右脚前上一步，右手剑翻腕，剑尖向西，手心朝外，左脚同时向右脚后落脚掌，胯放松，下坐。此与图 5－138

有相同处，两腿相反，剑尖向西。

3. 转身压剑。以两脚为轴，身左转，左脚向西落半步，右脚再向左后落步，脚跟抬起，右手剑上翻一圈，再下压身前，剑尖向西，手心向里，此与图5－138相同，唯胸转北。

## 五十一　分手小云摩　4动

1. 转身上斩。以左脚跟、右脚掌为轴，身向右后转，右脚同时向右迈步，（西）随即弓腿，右手剑同时向右前（西北）上斩，手心向下，剑尖与眼平，剑指划至左上方，眼随剑动。（图5－139）

2. 收步换手。重心左移，右手剑转腕经胸前左上托，（刃朝上下）剑尖向西，同时收回右脚，脚尖点地，左剑指变掌握剑，（手心向外）胸朝南，眼随剑动。（图5－140）

图5－139

图5－140

3. 左手云剑。左手握剑，外翻腕，掌心向上，身微右转，右脚前迈步，弓腿。（西）左手剑同时向前平刺，右剑指也同前指，手心均向上，腕如肩平，两肘微曲，眼看前方。（图5－141）

4. 云剑前指。重心后移，右脚尖翘起，（后坐步）两手各

图5－141

向外开（图 5 – 142），接着两手内翻，手心向下，弓右腿，两臂前刺、指，眼看前方。(图 5 – 143)

图 5 – 142

图 5 – 143

### 五十二　黄龙转身　4 动

1. 左转下扫。身向左转，开左脚，扣右脚，重心左移，左手执剑向左后下扫，（东）右剑指划至右上方，胸向东南，眼随剑动。(图 5 – 144)

2. 再转后挑。以左脚跟为轴，身向左转，右脚随转身落至正东，左手剑同时上挑，手心向上，剑尖与眼平，剑指划至东，胸朝北，眼随剑动。(图 5 – 145)

图 5 – 144

图 5 – 145

3. 提膝旋剑。重心后移右腿，左手剑翻腕旋剑，手心向下，右臂也同时回收胸前，前指。曲臂垂肘，同时提起左腿，胸向西，眼向前看。(图 5 – 146)

4. 转身云剑。以右脚跟为轴，身向左转，（正东）左脚前落

弓腿，两臂同时前指，腕如肩平，眼看前方。（图 5 – 147）

图 5 – 146

图 5 – 147

### 五十三　拨草寻蛇　6 动

1. 收步下划。重心右移，左脚收回，脚尖点地，同时剑尖下落左脚前，（立剑刃）剑指变掌，双手相合。（图 5 – 148）

2. 弓步前拨。左脚前迈步弓腿，双手握剑，剑尖向外拨，前推，右手心向上，两臂伸展，上身微俯，眼随剑动。（图 5 – 149）

图 5 – 148

图 5 – 149

3. 上步前拨。右脚前上一步弓腿，剑尖微回划一小圈，再向右脚尖前外拨，前推，臂要舒展，剑要放平，右手心向下，胸向东，眼随剑动。（图 5 – 150）

4. 收步下划。重心后移左腿，右脚回收，脚尖点地，剑也回收，右手心向下，眼看剑尖。（图 5 – 151）

图 5－150

图 5－151

5．上步前拨。此式与图 5－150 相同。

6．弓步前拨。此式与图 5－149 相同。

## 五十四　黄龙搅尾　4 动

1．左挂后坐。接图 5－149，重心后移右腿，双手握剑向左后外挂，（剑刃向东西）眼随剑动。（图 5－152）

2．退步前劈。双手握剑向前抡劈，与肩平，同时左脚后撤一步落平，（右弓步）眼随剑动。（图 5－153）

图 5－152

图 5－153

3．右挂后坐。重心后移，右脚尖翘起，双手握剑向右后外挂，眼随剑动。（图 5－154）

4．退步前劈。双手握剑向前抡劈，与肩平，同时右脚后撤一

步落平，（左弓步）眼随剑动。（图 5－155）

注：可连续左右再做两个。

图 5－154

图 5－155

## 五十五　白蛇吐信　6 动

1. 弓步崩剑。接上式，双手坐腕下沉，剑尖向上崩起，剑尖同眼平。（图 5－156）

2. 并步下点。剑尖向前下点，舒臂长剑（腕部放松上提）与裆平，同时并上右脚，两脚平行直立，眼看剑尖。（图 5－157）

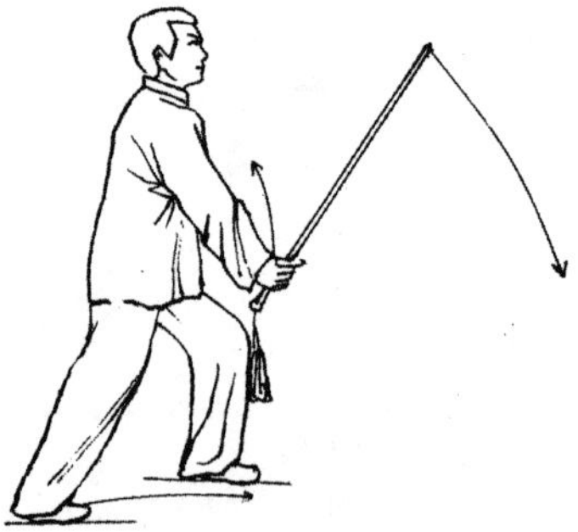

图 5－156

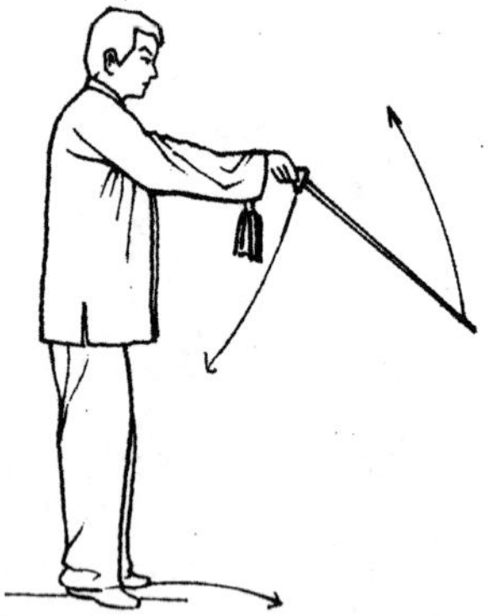

图 5－157

3. 弓步崩剑。右脚前迈步弓腿，双手握剑坐腕下沉，剑尖向上崩起，剑尖与眼平。（图 5－158）

图 5－158

4. 并步点刺。此式与图 5－157 相同，不同处在于剑尖与胸平，并左脚。

5. 弓步崩剑。此式为重复动作，与图 5－156 相同。

6. 并步点刺。此式与图 5－157 相同，不同处在于剑尖与喉平，并右脚。

## 五十六　云照巫山　2 动

1. 动身下截。接上式，右手握剑，身向右转，右脚向后落步，（西）随即弓步，右手剑随转身下截，（西）手心向下，剑指划至东，眼随剑动。（图 5－159）

2. 转身上挑。以右脚跟为轴，右手执剑翻手心向上，以剑尖向右后上挑。（东南）左脚向左前落步，（西北）剑尖同眼平，身随剑动，眼看剑尖。（图 5－160）

图 5－159

图 5－160

## 五十七　李广射石　2 动

1. 提膝旋剑。重心后移左腿，右手剑前刃向右外旋，同时沉肘坐腕，提起右腿，剑指合于右腕部，眼随剑动，胸朝东。（图 5－161）

2. 横剑前指。以左脚为轴，向右转落右脚，随即弓步，（南）右手剑随转身翻腕上举至右侧方与头平，（立剑刃）手心向外，剑尖指向南，剑指离开腕部前指，眼看剑指，意在剑身。（图5－162）

图5－161

图5－162

## 五十八　抱月式　2动

1. 后步里圈。此式为重复动作，动作说明同三十四式第三动。（图5－163）

2. 圈剑前斩。此式为重复动作，动作说明同三十四式第四动。（图5－164）

图5－163

图5－164

### 五十九　单鞭　1动

图 5－165

撤步分剑。此式为重复动作，动作说明与三十五式相同。（图 5－165）

### 六十　乌龙卷尾　1动

反腕上挑。右手剑尖由上向左下松点，然后反手上挑，剑尖高与头平，（手心向北）剑指伸至左侧，腰胯放松，重心微下降，眼随剑动。（图 5－166、5－167）

图 5－166

图 5－167

### 六十一　鹞子穿林　8动

1. 收步回剑。重心后移左腿，身向左转，右脚收回左脚旁，脚尖点地，同时右手剑转臂，手心向里，曲臂回收，胸向南，剑刃东西，（立刃）剑指合于剑柄处，眼随剑动。（图 5－168）

2. 右进平刺。右手剑向右侧进刺，剑尖与眼平，同时右脚向右横胯，重心随移，左脚同时跟进，脚尖点地，剑指随剑动。（图 5－169）

图 5－168

图 5－169

3. 左退回剑。左脚向左横迈步，重心随移，右脚同时回收，脚尖点地，剑同时回抽。此式完成与图 5－168 相同。

4. 右转回剑。身向右转，右脚向后落步，重心随移，左脚同时跟进，脚尖点地。剑随身转，右手心向外，（刃分上下）剑指合于右腕处，胸向北，眼随剑动。（图 5－170、5－171）

图 5－170

图 5－171

5. 左进平刺。右手执剑向左侧平刺，同时左脚向左横迈步，重心随移，右脚同时跟进，脚尖点地，剑指合于右腕处，眼随剑动。(图 5－172)

6. 右退回剑。右脚向右横迈步，重心随移，左脚同时回收，脚尖点地，剑同时回抽，眼随剑动。此式与图 5 – 171 相同。

7. 翻剑下压。右手执剑，转臂下落右胯旁，剑尖向西，手心向里，腰胯放松，眼随剑动。（图 5 – 173）

图 5 – 172

图 5 – 173

图 5 – 174

8. 进步直刺。左脚向前迈步落平，随之右脚再上一步弓腿，（西）右手剑随进步向前直刺，（立刃）手心向里，剑尖同眼平，身微前俯，腰胯放松，剑指划于左后方，眼随剑动。（图 5 – 174）

## 六十二　农夫着锄　7 动

1. 右转下扫。重心左移，身向右转 180 度，右手剑向右后下扫，（东）同时右脚向右后落步弓腿，（大弓步，身微前俯）胸朝东，剑指合于右腕部，眼随剑动。（图 5 – 175）

2. 提膝立剑。右手剑以剑尖向右上立剑，（手心向北）同时提起左膝，右腿直立，剑指合于右腕处，眼看剑身。（图 5 – 176）

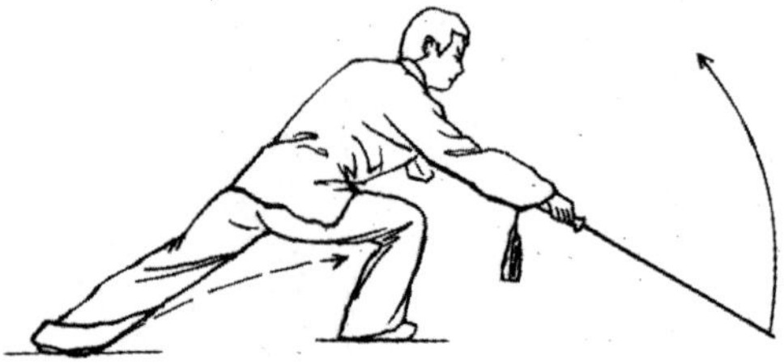

图 5－175

图 5－176

3．独立左刺。右手剑向左前刺，（西）手心向外，（立刃）身微左转，剑指不动，剑如眼平。（图 5－177）

4．盖步左挂。左脚横落，（脚尖向南）重心随移，右手剑向左后下刺，（立刃）手心向里，胸转向西南，眼随剑动。（图 5－178）

图 5－177

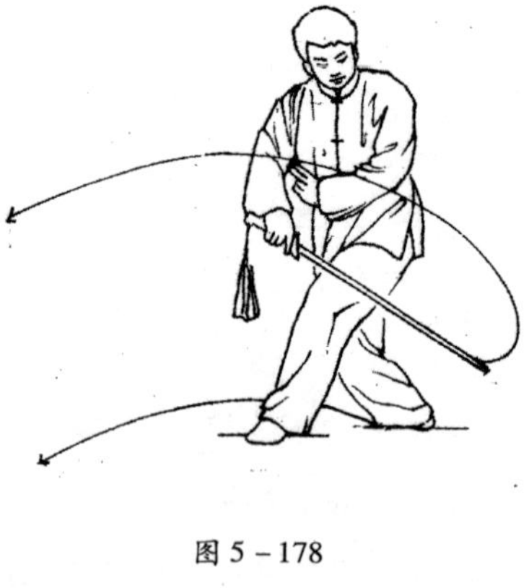

图 5－178

5．马步下截。右手剑转臂翻手心向外，剑尖转右（西）下截，与膝平，同时右脚前落，（脚尖朝南）马步，剑指合于右腕处，眼看剑，胸向南。（图 5－179）

6. 右弓前刺。此式为重复动作，与图5－174相同。

7. 反腕上挑。此式为重复动作，与图5－166、5－167相同。

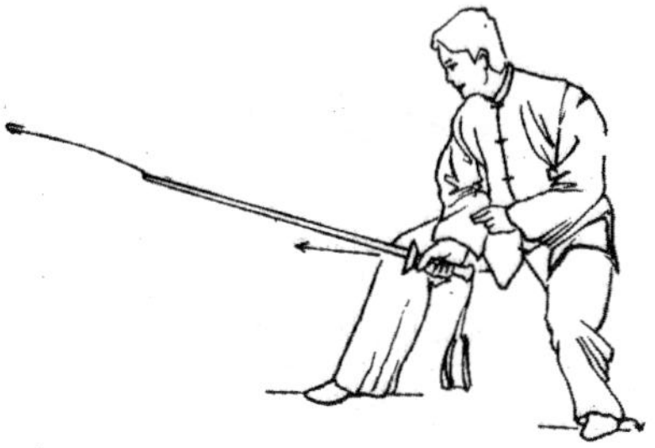

图5－179

### 六十三　钩挂连环　4动

1. 左转后挂。重心后移左腿，同时右手剑以剑尖向左后挂，手心向里，剑指合于右臂上，（左侧弓步）眼随剑动，胸向南。（图5－180）

2. 提膝反刺。右手剑以剑尖立起，然后向右反腕平刺，如眼平。手心向里，同时提起右膝，向右转身，剑指合于剑柄处，眼看剑前方。（图5－181）

图5－180

图5－181

3. 盖步后刺。右脚下落，（横步）脚尖向北，右手剑以剑尖向右下反刺，（手心向外）身体右旋，胸向北，剑指合于剑柄处，眼看剑尖。（图5－182）

4. 并步落剑。以右脚为轴，转体向东，同时提起左脚上跨步，与右脚平行落下，右手剑在转身同时转臂翻腕上划，落于左胯外侧，剑尖斜向下，（立刃）手心向下，剑指合于右腕处，胸向东，眼看剑柄。（图5－183）

图 5－182

图 5－183

六十四　合太极　6 动

1．举剑提膝。左手握剑柄向上举起，高过头，身体向上引起，重心移向左腿，提起右膝，（左独立步）右手变剑指下落右脚上方，手心向上，胸向东，眼看前方。（图 5－184）

2．搂膝提指。下落右脚，重心随移，左手握剑柄向右前方下搂、划弧。剑指同时提向右耳旁，左脚尖点地，眼看剑柄。（图 5－185）

图 5－184

图 5－185

3．左弓前指。此式为重复动作，与图 5－12 相同。

4. 右搂前指。身向右转，回收右脚跟，随即弓腿，左脚后蹬，胸转西南，剑指随转身下划弧至右膝外，同时剑柄上抬左耳旁，向西南指出，眼先看剑指，再看剑柄。（图5－186、5－187）

图5－186

图5－187

5. 十字合手。左手剑下落右膝上方（手心向下），右剑指上穿，合于左小臂上，（手心向上）成十字，眼看剑指。（图5－188）

6. 并步还原。右剑指向左前上方划起，下落右胯外（手心向里），左手执剑收回左胯旁，手心向东，（刃朝前后）垂立。同时身体直立，并上左脚，重心分于两腿，眼向前看，调整呼吸，全身松静。（图5－189、5－1）

图5－188

图5－189

# 第六章　吴式太极刀

## 太极刀简介

太极刀是在太极拳基础上创造和发展起来的。全套共十三句歌诀，包括劈、砍、剁、挑、撩、推、扎、抹、挂、拦等刀法。太极刀的锻炼方法和太极拳一样，要领、步型可参考太极拳的要求。

### 一　抱刀方法

1. 左手抱刀：手心握刀盘，拇指在外，食指按在刀柄上，其余三指在里，握住刀把。

2. 右手握刀方法：刀刃朝下，握刀手虎口在上，拇指在里，其余四指在外，握住刀把。

### 二　手型

掌：五指自然伸开，坐腕，立掌。

勾：手腕放松，五指聚拢在一起。

拳：四指曲握，拇指在外，压在中指食指上，拳心空握。

## 刀 诀

一　七星跨虎交刀式（7 动）
二　闪展腾挪意气扬（6 动）
三　左顾右盼两分张（8 动）
四　白鹤亮翅五行掌（4 动）
五　风卷荷花叶内藏（4 动）
六　玉女穿梭八方式（9 动）
七　三星开合自主张（10 动）
八　二起脚来打虎势（5 动）
九　披身斜挂鸳鸯脚（3 动）
十　顺水推舟鞭作篙（4 动）
十一　下势三合自由招（3 动）
十二　左右分水龙门跳（6 动）
十三　卞和携石凤还巢（9 动）

## 吴式太极刀动作解说

### 一　七星跨虎交刀式　7 动

1. 面南站立，两脚分开，如肩宽，左手握刀，刀背贴靠臂上，刀刃朝前，刀尖朝上，垂于左侧，右手五指自然放开，拇指朝前，垂于右侧，眼向前平视。虚领顶劲，含胸拔背，松肩垂肘。（图 6－1）

图 6－1

图 6－2

2．两腿下蹲，重心移到右腿，左脚向前点地（右坐步），眼看前方，两臂垂于两侧。(图6－2)

3．两臂上起，左握刀手前起高过肩，右手握拳向右侧后方起与眼平，左脚向前迈步落脚跟，眼看右拳。(图6－3)

4．左腿前弓步，同时右拳经耳门向前落于刀柄上，虎口朝上，右脚同时向前上一步落脚尖，眼看两手。(图6－4)

图6－3

图6－4

5．身向右转，右拳变掌，以掌背下划弧至右胯旁，同时右脚随转身向后落步，重心随移。左脚掌内扣，左手抱刀随转身至胸前，眼看刀柄，胸转向西。(图6－5)

6．右掌由下划至头上，掌心向上，同时左手抱刀下落裆前，

图6－5

图6－6

左脚收回点地（丁字步），胸朝西，眼看前方。（图6－6）

7. 身向左转，左脚向前迈步弓腿（南），同时左手抱刀以刀柄向上外翻，右掌随即按于刀柄上，刀刃向外，眼看刀柄。（图6－7）

图6－7

## 二 闪展腾挪意气扬 6动

1. 右手握刀，左手变掌。右手握刀放平，刀尖朝前，左掌顺刀背翻滚前推，腕如肩平，掌心向前。右手刀回抽，同时提起右腿。（左独立势）脚面放松，刀身贴在右腿外侧，眼看左掌。（图6－8）

2. 右脚前落下，脚尖翘起，同时两手分于两侧，刀尖向前（南），刃朝下，眼看刀尖。（图6－9）

图6－8

图6－9

3. 右腿前弓，右手刀向前刺出（与鼻尖平），刃向西，同时左手向前，虎口处护在右腕部，眼看刀尖。（图6－10）

4. 右手刀以刀背向左后划圈缠头，左臂前伸托架刀，虎口向下，掌心朝东，眼看左掌。（图6－11）

5. 右手刀继续顺脑后右划至右肩上，左臂向左侧伸开（东），同时左脚前上一步，脚尖翘起，眼看前方。（图6－12）

6. 左弓腿，右手刀不停，从右肩上向外抡圆，正前方平斩，刀尖与面平，左手同时做钩向左后伸展，手心向上，眼看刀尖。（图 6 – 13）

图 6 – 10

图 6 – 11

图 6 – 12

图 6 – 13

### 三　左顾右盼两分张　8 动

1. 身向左转（重心不动），右手刀由上划弧向左后方下劈（刀尖向北），左手变掌按于刀背上，眼随刀动。（图 6 – 14）

2. 右腿向前迈步，随即弓腿，右手刀向右前推出，左手随刀

而进，上身微前探，刀尖要低于右膝，刀推至右膝的前外方，眼随刀动。(图6－15)

图6－14

图6－15

3．右手刀向上提起，上身微上起。(图6－16)

4．右手刀提起之后，再下扎前推，刀尖要低（高于脚面），眼随刀动。(图6－17)

图6－16

图6－17

5．重心移左腿，右腿提起后落，变成左弓步，身微长起，同时提起刀，眼随刀动。(图6－18)

6．右手刀再下扎于左膝前。(图6－19)

7．重心后移右腿，左脚收回，脚尖点地，右手刀同时上提再下扎，眼随刀动。(图6－20)

8．左脚向前迈出弓步，右手刀向前推出，刃朝前（南），刀

尖低于左膝。(图 6－21)

图 6－18

图 6－19

图 6－20

图 6－21

图 6－22

## 四　白鹤亮翅五行掌　4 动

1. 身向右转，右手刀由上划一大圈，向右下劈（北），如肩平，胸转向西（马步），左手在左侧立掌，眼随刀动。(图 6－22)

2. 身向左转，左脚尖外开 45 度，同时右脚向前（西），提步外摆，右手刀由下向左前上方撩抹，高与眼平，同时左手做钩在身后，手心向上，眼随刀动。(图 6－23)

图 6-23

图 6-24

3. 身向左转，右手刀经上向左后下劈，与胯平，刀尖朝北，左钩手变掌按刀背部，眼随刀动。此式与图 6-14 相同。

4. 身向右转，右脚尖外开，左脚微上步，两脚平行（马步），胸朝西，两手托刀由下向头上托起，高与头平，刀刃朝上，眼看刀身。（图 6-24）

## 五　风卷荷花叶内藏　4 动

1. 身向右转，内扣左脚，重心左移，同时提起右腿，刀经头上划过右转（至东南），刀刃朝上，左掌合于刀柄处，眼随刀动。（图 6-25）

2. 身体继续右转，右脚向东南落步弓腿，同时两手推刀，向东南伸刺，眼看刀前方。（图 6-26）

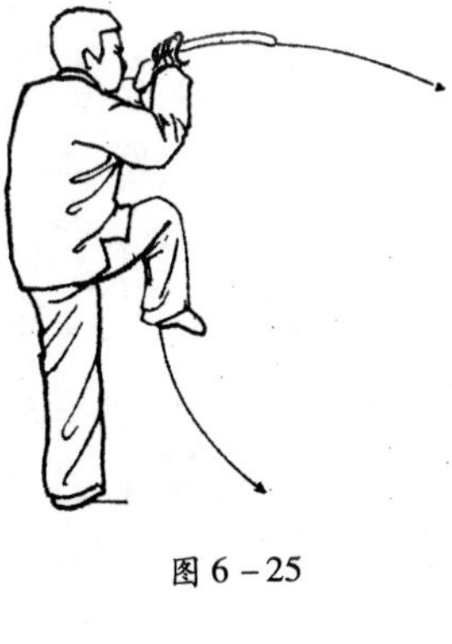

图 6-25

图 6-26

3. 身向左转，眼看前方（西北），左脚尖翘起，左掌同时向左侧搂，右手刀随转体划至东，刃朝前，胸朝西北。（图6－27）

4. 向左弓腿（左脚落平），右手刀向前下方斜劈出，右脚同时前上一步，脚掌着地，左掌在右手刀前劈同时合于右小臂上，胸朝西北，眼看刀。（图6－28）

图6－27

图6－28

## 六　玉女穿梭八方式　9动

1. 右脚跟前蹬落平，脚尖向北，重心同时前移，身微右转，右手刀向右平划半小圈，如肩平，重心前移，左脚跟抬起，左掌合于右小臂上，眼随刀动。（图6－29）

2. 左脚前上一步（西北），弓腿，右手刀向前刺出（刃朝南），高与眼平，左掌下划经胸前至左上方，掌心向上，眼随刀动。（图6－30）

3. 身向右转，内扣左脚，左掌合于右小臂上，右手刀以刀背回合左肘上（刃朝上），胸转北，眼看刀身。（图6－31）

4. 上身不动，重心移左脚，提起右腿，胸向北。（图6－32）

图 6－29

图 6－30

图 6－31

图 6－32

5. 以左脚为轴，向右转 180 度（胸朝南），右脚下落，迈步弓腿，右手刀向前下落（刃向下）至右腿膝部，左掌顺刀背翻滚前推立掌，（拇指对准鼻尖）眼看左掌。（图 6－33）

6. 身微左转，左脚提起向左前方迈步（东南），脚尖翘起，两手同时分开两侧，刀尖朝西南，高与眼平，刀朝前，眼看前方。（图 6－34）

图 6－33

图 6－34

7．左脚落平，重心左移，右手刀由上向前下抡劈，与腹平（刃朝北），左掌同时合于右小臂上。同时右脚前上落步（虚步），胸朝东南，眼看刀。（图 6－35）

8．此动作同图 6－29，胸朝东南。

9．此动作同图 6－30，胸朝东南。

图 6－35

## 七　三星开合自主张　10 动

1．此动作同图 6－31，转身胸朝南。

2．此动作同图 6－32，提起右腿转体 180 度，胸朝北。

3．此动作同图 6－33，胸朝北。

4．身向左转，外开左脚尖（西），再扣右脚（西），重心移向左腿，随即左掌划至左肩前，掌心向北，右手刀转臂刃朝上，上托身前，与鼻平，左掌合于刀柄处，眼随刀动。（图 6－36）

5．提起右腿（左独立势），两手向左右两侧分刺，刀刃朝上，与喉平，左掌翻转掌心，向南推出立掌，眼随刀动。（图 6－37）

图 6－36

图 6－37

6．身向左转，右脚朝北落下（左侧弓步），右手刀经上划一大圈劈向左侧方，（南）高与腹平，左掌同时合于右腕部，眼随刀动。（图 6－38）

7．身右转，右脚尖外开，左脚向前上步（北），弓腿，右手握刀，左掌推刀背经身前向北前推，刃朝前，刀尖同左膝平，眼随刀动。（图 6－39）

图 6－38

图 6－39

8．左脚内扣，身右转，此动作同图 6－31，胸朝东。

9．动作同图 6－32，身体转向南。

10．动作同图 6－33，胸朝南。

## 八　二起脚来打虎势　5 动

1．左脚前上一步，脚尖翘起，右手握刀向左肩外翻刺，刃朝

上，左掌同时上托掌接刀柄，掌心向上，眼看两手。(图6－40)

2. 左脚落平，重心移向左腿，右脚向前上踢出，(脚面绷平)右掌同时击拍脚面，左手抱刀，向左外开，胸向南，眼看右掌。(图6－41)

图6－40

图6－41

3. 动作与图6－5相同。

4. 动作与图6－6相同。

5. 身微左转，左手抱刀，以刀柄为主由下上翻刺左肩外，刀尖向后下，刃朝外(东)，同时左脚向前迈步弓腿（南），右掌握拳由上向右下划弧，经胸前至面前，两臂要内合，眼看右拳。(图6－42)

图6－42

### 九　披身斜挂鸳鸯脚　3动

1. 右脚提起，由右向左前上踢，再右外摆，右拳变掌，然后迎击右脚面（要击响），胸朝南，眼随右掌动。(图6－43)

2. 摆脚之后，右掌迅速握刀，身体右转，右手刀由左上向下劈（西），右脚随转身向西落步弓腿，左掌下落左侧方，眼随刀动。(图6－44)

图 6－43

图 6－44

3．右手刀随上式下劈的惯力顺势由右缠头裹脑，至左肩外侧，左臂同时迎架，眼看前下方，胸朝西。（图 6－45）

图 6－45

## 十　顺水推舟鞭作篙　4 动

1．接上式缠头，顺势前上左腿，随即弓步，手握刀，左掌推刀至左膝前，刀尖微低左膝，刃朝前，眼随刀动。（图 6－46）

2．接上式前推刀之劲，顺势跟上右脚，脚尖点地。（图 6－47）

图 6－46

图 6－47

3. 上式推刀之后，身向右转，以左脚跟右脚掌为轴，刀随转身向右拨划180度，胸朝东，刀刃朝前，刀尖低于右膝，眼随刀动。(图6－48)

4. 右脚向前迈步弓腿（东），同时右手握刀，转臂上翻前抹，收至右膝外侧，左掌随刀背翻滚推立掌，手指与眼平，两肘要微曲，眼看左掌。(图6－49)

图6－48

图6－49

## 十一　下势三合自由招　3动

1. 身微左转，左脚尖外摆，同时右手刀向前上翻刺，刀刃朝北，刀尖向东，高与头平，左掌按于右小臂上，再左转同时眼看西北。(图6－50)

2. 身体继续左转，左掌同时前搂，左脚尖翘起，胸朝西北。(图6－51)

图6－50

图6－51

3．左脚尖开正西，重心左移，同时右脚前上步（正西），两腿成马步式，右手刀内收右胸前，曲肘向右侧（北）反刺，刃朝上，左臂曲肘立掌（南）。此式与图6－22相同，不同处是刀刃翻转向上，眼随刀动。

## 十二　左右分水龙门跳　6动

1．身向左转，左侧弓步，右手刀由上划大圈向左抡劈，刀尖与胸平，同时左掌合于右小臂内侧，胸朝南，眼随刀动。（图6－52）

2．上式刀左劈之后劲不停，身向右转，重心移向右腿，提起左脚向北迈出弓步，随即两手推刀至左膝前方，刃朝前，刀尖微低于左膝，眼随刀动。（图6－53）

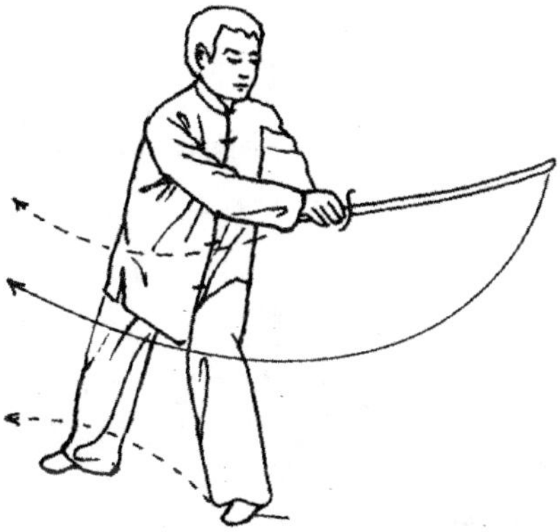

图6－52

图6－53

3．推刀之后，身体马上右转，（两脚各自调整，脚尖向东）马步，右手刀经上划大圈向右侧抡劈，如肩平，眼随刀动，左手于左侧曲肘立掌。（图6－54）

4．重心移向左腿，右手刀经下向左侧上撩挂，刀刃向上，高过头，同时右脚向上踢出，与胯平（利用刀上撩的惯力，右脚上踢），胸转北，眼随刀动。（图6－55）

图 6 – 54

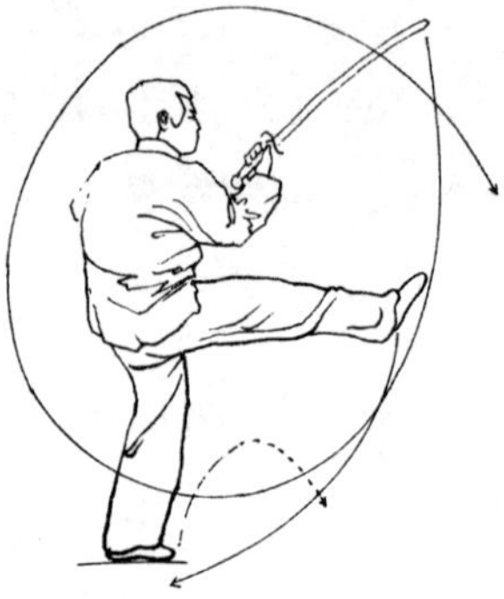

图 6 – 55

5. 上式右手刀前撩挂之后，马上以刀背为主再后绕一大圈，利用这后绕惯力，左脚蹬地跃起，右腿曲回，然后一同落地，重心落于右腿，曲蹲，右手刀绕一圈后前剁，左脚前落，左掌合于刀柄处，眼随刀动。(图 6 – 56)

6. 左掌按于刀背处，重心下蹲，胯放松，裆要打开，右手刀用意下按，胸朝东北，刀尖向北，左脚内扣，脚尖朝东，眼看刀。(图 6 – 57)

图 6 – 56

图 6 – 57

## 十三　卞和携石凤还巢　9 动

1. 身体上起，右手刀经左臂外侧缠头裹脑，至右肩后，刀背贴身。左臂外展，然后左脚尖外开，（北）随即弓步，眼看前下

方。（图 6－58）

2. 右手刀经右肩上向前下劈，刀尖朝北。（图 6－59）

图 6－58

图 6－59

3. 然后重心完全移左腿，左脚内扣，身向右转，提起右膝，随转身右手刀向右前斜劈，胸转东南，左臂在左侧上方曲肘展开，眼随刀动。（图 6－60）

4. 身再右转（胸朝南），然后右脚落步，脚尖翘起，两臂收至身两侧，右手持刀，刃向西，眼看刀尖。（图 6－61）

图 6－60

图 6－61

5. 两臂分开后，右脚落平弓腿，右手刀同时向前上平刺与喉平，刀尖向前，刃朝西，左掌在右臂前刺同时合于右小臂内侧，眼随刀动，此动与图 6－10 相同。

6．重心后移，右手刀以刀尖向左肩外后刺，刀刃向外（东），刀柄交换左掌之上，眼看刀柄，胸转东南。（图 6－62）

7．身右转，右脚回收，再向后落步，重心随移，弓腿，左手抱刀合于胸前，刃朝上，右掌经胸前下划落于右胯旁，掌心向上，胸朝西，眼看刀柄。（图 6－63）

图 6－62

图 6－63

8．身微左转，左脚回收右脚旁，脚尖点地，左手抱刀，下落身前，刃朝前（西），右掌随即由下划至头上方，掌心向上，眼看前方。（图 6－64）

图 6－64

9．身向左转，左脚前迈一步，随即右脚跟步，（并步）落平，两腿直立，眼平视前方。调节呼吸，待呼吸平稳后，再收势。与图 6－1 相同。

# 第七章　太极推手

太极推手是太极拳运动中的一种双人徒手对练，是用以锻炼技击能力的一种方法。太极推手以阴阳学说为理（阴阳相生相克，生生不已），以八法五步为法（掤、攦、挤、按、採、挒、肘、靠、进、退、顾、盼、定），以沾、粘、连、随而不顶、不匾、不丢、不抗为原则，研究两人在相持的情况下，以巧取胜，即以付出最小的力达到最佳技击效果为目的的一种竞技运动。太极推手分定步推手和活步推手两类。太极拳套路练习和推手是相辅相成的。练习太极拳，同时结合推手，则既可将盘架子得来的劲别运用到推手之中，又可验证练习太极拳套路的正确程度。所以人们常说练拳和推手是“体”和“用”的关系，两者不可分割，不可偏废。通过经常的推手练习，可以提高末梢神经及体肤的敏感性，即“听劲”的灵敏度和肢体的应变能力，以及“从心所欲”的“懂劲”之妙。这对太极拳的健身、益寿、防身、御敌等更有其重要意义。

练习太极推手，要由易到难，由简而繁，不要急于求成。练习推手“打轮”时，动作要求圆活方正，轻灵沉着，彼此相随，切勿僵硬，尤忌用拙力。

下面介绍三种推手方法：一、定步推手法；二、陈式太极拳推手法；三、活步推手大攦。

### 太极推手的预备姿势

两人相对而立，成立正姿势，身体各部位力求松静自然舒适。(图 7－1)

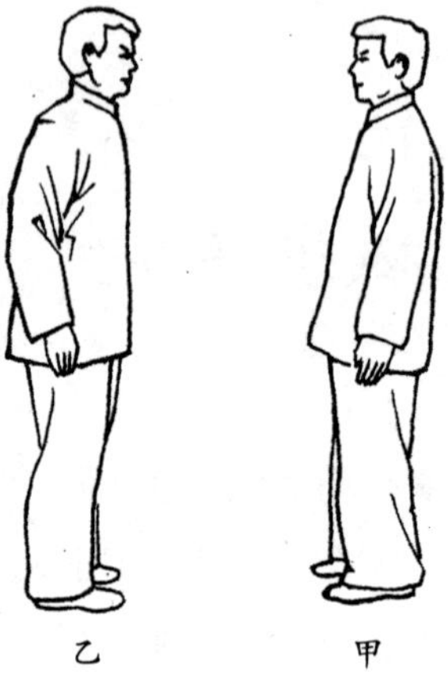


图 7－1

## 定步推手法

### 开始姿势

双方微向左转身，身体重心移向左腿，松胯曲膝，右脚向前一步，脚跟着地，两人右脚内侧距离 10—20 厘米；双方右掌前举，手臂微曲，手背相对，松肩垂肘，手腕相触交叉，双方左掌扶于对方右肘。

图 7－2

**要点**

双方手臂各含掤劲，不可僵硬，不可软而无力，不以对方为倚托。(图7－2)

### 动作一　甲掤乙攦

甲向前弓腿，成右弓步，身微向左转，同时右臂承接乙之来劲，左掌扶于乙之右肘，向前上掤手；乙顺势向右转身，坐步松胯，同时，右掌承甲之掤劲，翻转向外，左掌翻转向内成强势。(图7－3)

### 动作二　甲挤乙按

甲顺乙之势，左手离开乙右肘，立即附于自己右肘内侧，掌心向外，两臂撑圆，身向右转，向乙胸部挤去；乙顺甲之挤势，含胸收胯，两掌承接甲手臂挤劲，向左下按掌，变为按式。（图7－4）

图7－3

图7－4

### 动作三　乙掤甲攦

甲以左臂承接乙之按势，同时右手由下环绕，接定乙之左肘，此时乙之右掌承接甲之左肘，顺势向前弓腿，身微向右转，左臂向前上掤出；甲顺势重心后移，前脚尖翘起，身微向左转，两手翻转引乙之左臂向左上方，成握式。(图7－5)

### 动作四　乙挤甲按

乙顺甲之势，右手离开甲之左肘，立即附于自己左肘内侧，掌心向外，身微向左转，两臂撑圆，向甲胸部挤去，即成挤式；甲顺乙之挤势，含胸收胯，向右转腰，两手承接乙之手臂挤劲，向右下按掌，即成按式。(图7－6)

乙　　　甲

图7－5

乙　　　甲

图7－6

### 定步推手换手法（亦称沿肘换手）

在乙用左（右）臂向甲胸部挤来时，甲顺势以右（左）手领乙之右（左）手，左（右）手扶于乙之右（左）肘，身微向右（左）转，向右（左）沿乙之右（左）肘，乙之左（右）手由下环绕，接定甲之右（左）肘。(图7－7)。甲随即向前弓腿前按乙之右（左）肘；乙顺势重心后移，身向右（左）转，走化甲之按劲，右（左）手随之上起前掤，向前弓腿，即变掤手。甲随即重心后移，变势。(图7－8)

定步推手的规律是，掤对攦，挤对按，攦对掤，按对挤，如此周而复始。

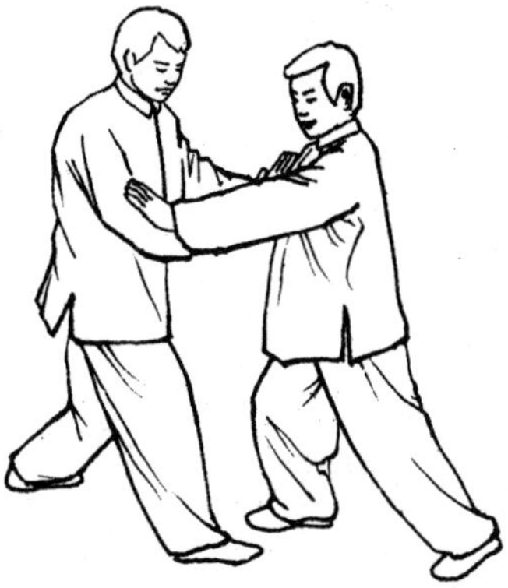

图 7 -7

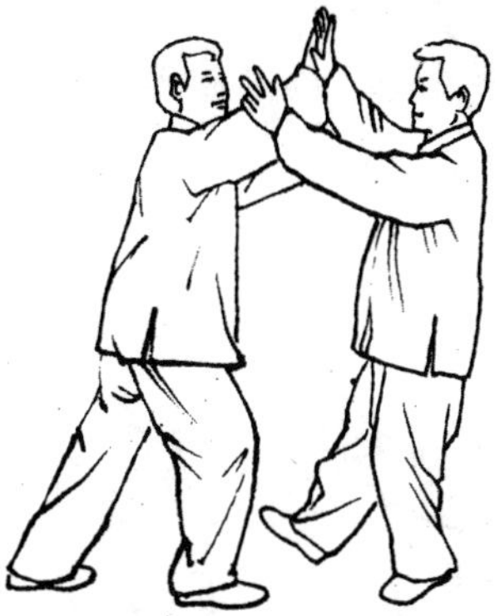

图 7 -8

## 陈式太极拳推手法

陈式推手的基本步法为一进一退，手法为掤挤按，称为四正手。每四手推过一圈即一进一退，甲如右脚在前，乙则左脚在前，凡进步一方前脚踏在对方前脚的内侧。上肢两手互缠，下肢前腿亦互相粘化，使手足同时练得触觉灵敏。

陈式推手预备姿势的要求如前。(图 7 -1)。

### 开始姿势

甲、乙各以右手前举，掌心向外，手背相对，手腕相触交叉，松肩垂肘，意贯掤劲。(图 7 -9)

### 动作一　甲退步缠擴，乙进步掤挤

甲右脚后撤一步，身微向右转，松胯圆裆，重心移向右腿，成三七步；同时右手翻掌，顺缠乙之右手，左手随之以左小臂截拿乙之右肘关节，即成缠擴之势。乙则微向左转，以右脚顺势向甲左脚内侧插步成右弓步（即三七步），以右膝粘贴甲之左膝之缠劲，同时右臂随甲之缠拿，顺势旋转，以小指缠着甲之大指，左手立掌附于自己右肘内侧，掌心向外，应接甲之左手。（图 7－10）

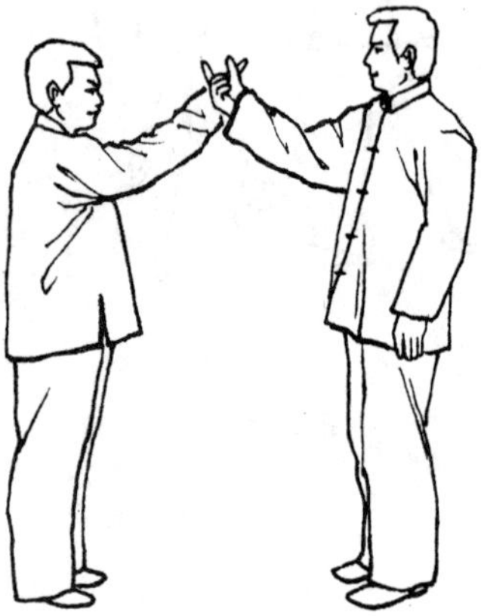

乙　　　甲

图 7－9

乙　　　甲

图 7－10

### 动作二　乙弓步挤手，甲坐步缠按

乙顺势向右转身，成右弓步，两臂掤圆，向甲之胸部挤去，即成挤式。甲顺势以左手缠拿乙之左腕，身向左转，含胸松胯，变为右腿坐步，右手随之接定乙之左肘，向左下采按。（图 7－11）

### 动作三　甲弓步採按，乙坐步缠撅

甲左手与乙之左手互缠，右手採按乙之左肘，随之向前弓腿，双手向乙胸部按出。乙顺势身向左转，重心移向左腿，成左腿坐步，右膝与甲之左膝粘化，右手解脱甲之缠拿，承接採拿甲之左肘，左手缠拿甲之左手，向左下方缠撅甲之左臂。（图 7－12）

图 7－11

图 7－12

### 动作四　乙弓步掤挤，甲坐步履按

乙随势身向右转，向前弓腿，左手上起向前掤手，右手附于自己左肘内侧，掌心向外，两臂掤圆，即成挤式；甲顺势以右手接定乙之右手，左手贴着乙之左腕，身向左转，重心移向右腿，成右腿坐步，两手向左上履，随乙变挤式，甲即身向右转，两手随之变成按掌。（图 7－13）

图 7－13

### 动作五　乙退步缠履，甲进步掤挤

乙以右手顺缠甲之右手，左手小臂截拿甲之右肘，随即身向右转，右脚向后撤步，重心移向右腿（成三七步），即成缠履之势；甲顺势左脚尖外开，右脚向乙左脚内侧插步，成左弓步（即三七步），以右膝粘贴乙之左膝，同时右手随乙缠拿顺势旋转，以小指缠着乙之右手大指，左手立掌附于自己右肘内侧，掌心向外，应接乙之左手，即成掤挤之式。此势与图 7－10 相同，唯甲、乙动作相反。

### 动作六　甲弓步挤手，乙坐步缠按

动作说明同本推手之二，唯甲乙互换，见图7－11。

### 动作七　乙弓步採按，甲坐步缠搌

动作说明同本推手之三，唯甲乙互换，见图7－12。

### 动作八　甲弓步掤挤，乙坐步搌按

动作说明同本推手之四，唯甲乙互换。见图7－13。

## 活步推手大搌

### 一　预备姿势

甲、乙相对站立，距离以双手握拳，两臂平举，拳面相触为准。身体力求自然、舒适。

### 二　开始姿势

甲、乙左脚外开45度，右脚前迈一步，右手前举，松肩垂肘，两腕交叉做搭手的姿势，左手自然下垂。（图7－14）

1. 甲翻转右手虚握乙之右手腕，左手腕部抚在乙的右肘上。同时左脚掌为轴脚跟外转，右脚随之收回半步，靠左脚的内侧，身体随即右转作搌式。乙趁甲收回右脚作搌式时，左脚立即跟进半步，靠拢右脚，同时重心稍向前。（图7－15）

2. 甲顺势将身体向右后转，右脚也随同向右后方退一步，同时两手随同身体的转动继续用搌，使乙受此牵动两脚不能自主。乙受此牵动，左脚顺势再前进一大步，开始作靠式动作。（图7－

16）

3. 乙顺甲的搌劲，右脚再进一步，落在甲左脚内侧（甲之裆内），成右弓步，同时左手附于右臂内侧，用肩劲靠向甲之胸前。（图 7－17）

图 7－14

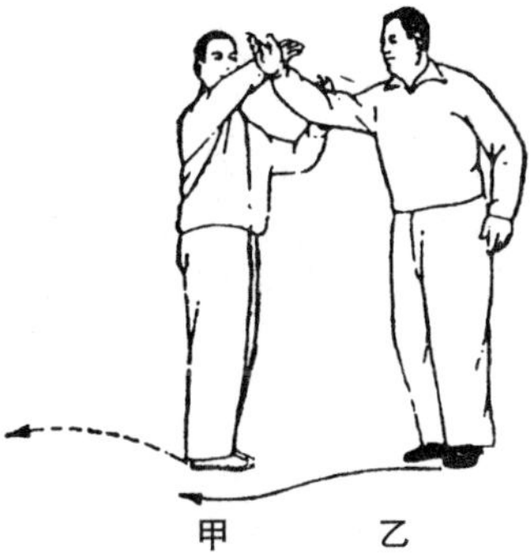


图 7－15

图 7－16

图 7－17

4. 甲顺乙之靠势，先用前臂（肘劲）外旋截住来劲，身体随之略右转，以化开乙的靠劲，然后含胸、微向左转腰，重心移向右腿。同时，左手截按乙的左手，向下採劲，右手按向乙的左肘部，左脚提起抢进一步，落于乙右脚的内侧。（图 7－18）

5. 乙顺甲的按势，以左手手背承接甲的左手，右臂自左手下抽出抚于甲之左肘；同时右脚收回半步，落在左脚内侧，身体稍向左转，由靠式变搌式。而甲左脚仍在前，左腿顺势前弓，重心

微向前移。(图 7－19)

图 7－18

图 7－19

6. 乙顺势身向左转，同时，左脚向左后方退一步，左手虚握甲的左腕，右手腕部抚于甲的左肘上，做攦式。右脚前进一大步，重心稍向前移并落于右腿。(图 7－20)

7. 甲左脚顺势再进一步，落于乙右脚内侧（乙的裆内)，成左弓步。同时，右手附在左臂内侧，用肩劲靠向乙之胸前。（图 7－21）

图 7－20

图 7－21

以上动作，甲、乙各进退一次，称为一循环。依此动作与方法，乙又抢进右脚变按，甲再退半步变攦，反复循环，以至无穷。(图 7－22、7－23)

图 7－22

图 7－23

大攦的换手法（挒掌，意即转移被攻或被动局面）：甲被乙靠近身体时，一方面用左前臂（肘劲）旋转，化开乙的靠劲，另一方面应迅速地以右掌顺势直扑乙的面部（是谓挒掌，也称扑面掌或闪掌）。此时，乙的右臂应顺势右面前上挑，接承甲之右手并轻握其手腕部，左手腕部抚于甲之右肘，同时身体向右转，右脚收回落于左脚之内侧，两手随同身体转动之势开始做攦式。甲方受乙之攦式，右脚前进一步，重心略向前，落于乙两脚的前面。（图 7－24 至图 7－26）

图 7－24

图 7－25

8. 乙身体顺势向右转，右腿顺势向右后方再退一步，两手继续做攦式。甲被乙的攦式所引，左脚前进一大步，重心稍向前移，右脚顺势再进一步落于乙左脚的内侧（乙之裆内），同时左手附

右臂内侧，两臂做挤式，靠向乙的胸前。（图 7－27）

图 7－26

图 7－27

此法与前述大搌的进退步法基本相同，唯前者搌式动作，甲搌乙的右臂，乙则搌甲的左臂，其间转换方法，系以抢进一步由搌变肘再变按，化对方之靠劲。后者（右式）搌式动作均为对方之右臂，其转换方式，均以右手扑面掌为关键。

如果在乙被甲靠时，乙用左手扑甲之面部（即挒掌），甲则用左手接乙的左臂向左转身变搌式。乙顺势进步，用左臂向甲胸部靠去，而后彼此都可以用左手扑面，则双方被搌者都是左臂。（图 7－28 至图 7－31）

图 7－28

图 7－29

图 7－30

图 7－31

# 第八章　太极杆、太极粘杆

太极杆是太极拳种中的长器械，亦称太极刺杆，是不带枪头的杆子，是有别于枪的太极拳专属器械。杆用白蜡树主干制成，又称“白蜡干”。

传统理论有十三势杆法和十三字诀，即开、合、发、崩、劈、点、扎、拨、撩、缠、带、滑、截。是练习太极拳中引、化、拿、发、听劲、懂劲和腰、胯、臂力等诸劲法的方法。

太极杆的长度可根据练习者身高而定，以身高加举手的高度为宜，一般为3米左右，粗细以适度为宜。

太极杆的顶端称为杆头，末端称为杆尾，包括前端（1/3处以上）、中端（中段）、尾端（3/1以下）。

杆的基本练法有：单人扎杆法、单人四杆法、双人对练（四进四退）扎杆法。

## 抱杆势

1. 并步托杆。身体自然直立，两脚并步向前、右手托握杆的尾端，左手在下，两手心均向上，高与胸平，杆头点地，眼看杆头方向。（图8－1）

2. 抱杆势。身体微向右转，两手同时向左上、右下滑动拉开，右手提握杆尾，贴于腰胯间，左手握在杆子中段，手心向上。杆头高于杆尾，眼看杆头方向。(图 8－2)

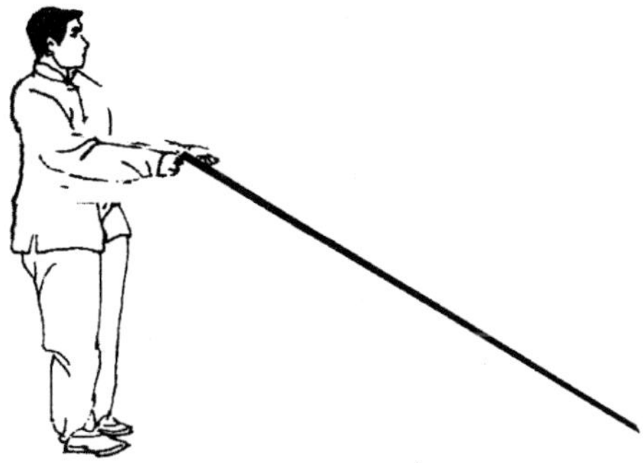

图 8－1

图 8－2

## 单人扎杆法

太极杆分很多种，吴式太极杆单人练法是“腰缠枪”的运动方法。单人扎杆基本动作可概括为：拦（含“拨”与“开”之劲法），拿（含“和”与“逼”之劲法），扎（含“发”与“刺”之劲法）。

### 一　拦

撤步拦杆。由双手托杆起，身微向右转，随即松腰沉胯右腿后撤，重心后移，成半马步。同时，右手握住杆的尾端（不留把）内旋收至腰胯间。左手外旋拦杆，即杆头由下划弧翻转向上，手心向上。杆头高不过头，眼看杆头方向。(图 8－3)

### 二　拿

马步按杆。身向左转，重心微前移成马步，随之左手内旋翻按，杆头向内旋转半圈。手心向下，杆头高与胸平。同时，右手腕外旋，手心

斜向上，杆子紧贴于右侧腹部，意在杆头，眼看杆头方向。（图8－4）

图8－3

图8－4

三　扎

弓步平扎。身向左转，重心前移成弓步，同时，右手握杆外旋向前推刺，合于左手，两手心均向上，杆与胸平。意在杆头，眼看杆头方向。（图8－5）

图8－5

拦、拿、扎三个动作为一组，可以左、右反复练习。

## 单人四杆法

四杆法先做单人的练习，待动作熟练后，再做双人的对练练习。

一　预备式

身体自然直立，两手下垂，右手握杆，虎口向上，杆垂直竖立于身体右侧，杆尾触地，于右脚外侧。（图8－6）

身体微向右转，右手握杆提至胸前，左手合握在上，两手心

均向内。杆垂直提起竖立身体右侧。(图 8－7)

抱杆势同前(动作同图 8－2)

图 8－6

图 8－7

## 二　四杆进步法(进攻法)

进步刺喉。身微左转，左脚向前迈出一步落平，右脚跟进，成并步。同时，左手内旋，杆子旋转半圈，杆头前刺，高与喉平，手心向下。右手外旋，手心向上，附于腰胯间。眼看杆头方向。(图 8－8)

弓步刺膝。身微向右转，右脚向右前迈出一步成隅步。同时，左手外旋向下划弧前刺，杆头高与右膝平，手心向上。右手旋腕

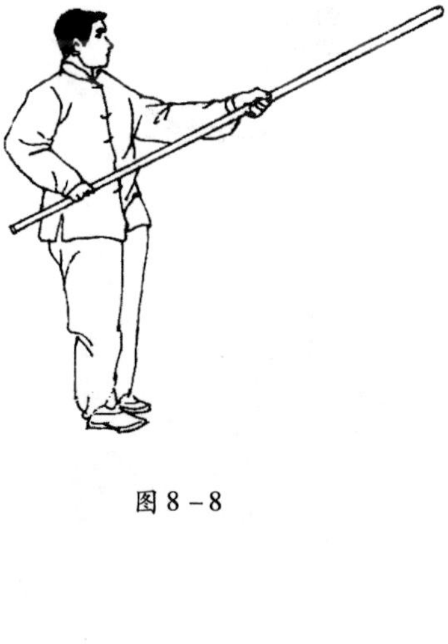

图 8－8

图 8－9

提推至右耳旁，手心向下。意在杆头，眼看杆头方向。（图 8－9）

进步刺肩。身微向左转，松腰沉胯，随之左脚向前迈进一步，右脚跟进成并步。同时，左手内旋向前上方刺出，高与肩平，手心向上。右手内旋，收于腰胯间。意在杆前端，眼看杆头方向。（图 8－10、8－11）

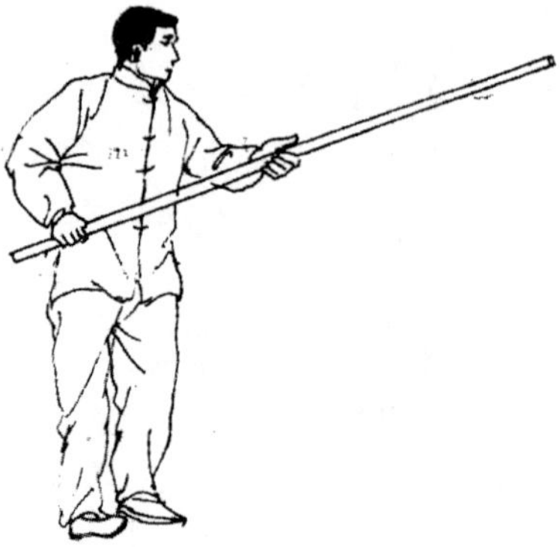

图 8－10

图 8－11

进步刺胸。身微右转，左脚向前迈步，右脚跟进半步成并步。同时，左手内旋前刺，高与向胸平，手心向下。右手随之内旋，附于腰胯间，手心向上。意在杆前端，眼看杆头方向。（图 8－12、8－13）

图 8－12

图 8－13

## 三　四杆退步法（防守法）

退步引拨。身微右转，左腿微曲，右脚后撤一步，重心移至右腿，左脚随之后撤成并步。同时，左手外旋，手心向上，杆头向右缠拨。右手内旋，手心向下，附于右腰胯间。意在杆前端，眼看杆头方向。（图 8－14）

虚步缠截。身微右转，踏实左脚，右脚向后撤一步落平，重心后移，收回左脚，脚掌着地，成左虚步。同时，左手握杆由右向左划弧缠截，左手心向下，腕与胯平。右手随之外旋推杆，至右肩前，手心向外。意在杆前端，眼看杆头方向。（图 8－15）

图 8－14

图 8－15

退步撩带。身向右转，左脚落平踏实，右脚后撤一步，左脚随之后撤成并步。同时，左手杆外旋向右前撩杆，手心翻转向上，腕与胸平。右手随之收至腰间，手心向上。意在杆前端，眼看杆头方向。（图 8－16）

退步引拨。身微向右转，左膝微曲，右脚后撤一步落平。左脚随之后撤成并步。同时，左手外旋拨杆，手心向上。右手内旋附在腰胯间。意在杆前端，眼看杆头方向。（图 8－17）

图 8－16

图 8－17

收式。身体自然直立，左手握杆至右肩前，右手松握杆向下滑落，杆垂直竖立于右胯旁，杆尾触地。左手自然下垂至左胯旁。两眼向前平视，收势。（同图 8－1、8－2）

## 双人四进四退扎杆法

### 预备势

甲、乙双方相距 3 米许。胸向相对，各以右手持杆于身体右侧。杆尾触地，左手下垂，掌心向内，目视对方。（图 8－18）

甲　　乙

图 8－18

并步搭杆

甲、乙双方同时做抱杆势，两杆外侧相粘，高与眼平，眼神由搭杆处直视对方。（图 8 – 19）

图 8 – 19

一　甲进步刺喉，乙退步缠拿

甲：右膝微曲，左脚前进一步，右脚跟进成并步。同时，左手内旋，掌心翻转向下，右手掌心翻转向上，以杆头刺向乙之喉部。眼看杆头方向。

乙：身微向右转，左腿曲膝，右脚后撤一步落平，随之左脚后撤成并步。同时，左手外旋，右手内旋，两手用粘拨之法，将甲劈刺之杆引拨至身体之外。眼看两杆相搭处。（图 8 – 20、8 – 21）

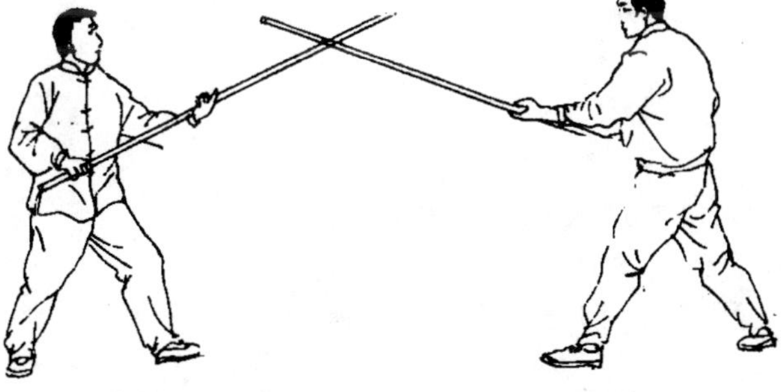


图 8 – 20

图 8 – 21

## 二　甲弓步刺膝，乙虚步缠拨

甲：借乙之向右粘拨之力，右脚向前迈进一步成右隅步势。同时，左手顺势向外划弧旋转，右手外旋推提与肩同高，两手合力刺向乙之右膝。眼看杆头方向。

乙：顺甲进攻之势，身微向左转，右脚向后撤一步，左脚随之后撤成左虚步。用缠拨之法，由右向左缠拨，即左手由右向左划弧下截，右手旋推至右肩前。眼看两杆相搭处。（图 8 – 22）

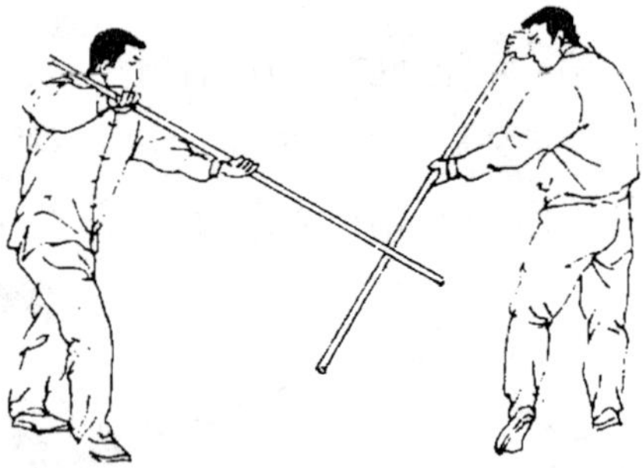


图 8 – 22

## 三　甲进步刺肩，乙退步缠拿

甲：顺乙杆缠拨之势，左脚向前迈进一步落平，右脚随之跟进成并步。同时，杆头松旋，由下旋转向上，刺向乙之左肩。眼看杆头方向。

乙：随甲进刺之势，左脚落平，右脚后撤一步，随之左脚后撤成并步势。身随之向右微转。两手外旋，以拨拿之法，拨转甲之劈刺。眼看两杆相搭处。（图 8－23、8－24）

图 8－23

图 8－24

## 四　甲进步刺胸，乙退步缠拿

甲：借助乙缠拿之势，右腿微曲，左脚向左前迈进一步落平，右脚随之跟进成并步。两手旋杆刺向乙胸。眼看杆头方向。

乙：随甲之进势，微曲左膝右脚后撤一步落平，左脚随之后撤成并步。同时，身体微向右转，缠拿拨转甲之进刺之杆，杆头对准甲之喉部。眼看杆头方向。（图 8－25、8－26）

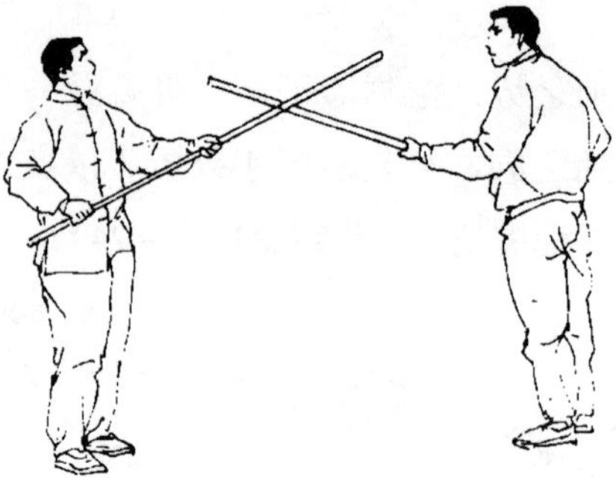


图 8－25

图 8－26

### 五　乙进步刺喉，甲退步缠拿

### 六　乙弓步刺膝，甲虚步缠拨

### 七　乙进步刺肩，甲退步缠拿

### 八　乙进步刺胸，甲退步缠拿

其 5、6、7、8 动是乙进刺甲的动作，与 1、2、3、4 动作相同。

双人四进四退扎杆法可反复循环练习，收势动作与预备势动作相同。

## 要求与要领

单人扎杆法和双人对刺练习，是太极拳功力练习的一种形式，旨在太极沾粘进退扎杆中体验、磨炼“沾粘连随”、“不丢不顶”、“引进落空”、“借力打人”的技法，可由“着熟”进而达到“听劲”、“懂劲”乃至“阶及神明”的目的。要领与双人推手要领相同，两杆对刺中粘连不脱，不硬拨、硬撞，练习者不得硬抗、碰撞、脱离。身法、步法、杆法要协调一致，上下相随，动静合一，要虚领顶劲，立身中正安舒，神与杆合，身与杆合。缠、拦、拿、扎不要开转过大。练习过程中，要身法灵活、步伐稳健，杆法清楚，神与意合，最终服务于太极拳法。

# 附录一

## 太极先贤轶事

笔者上世纪80年代中期开始从师于太极大家李经梧恩师。李经梧先生（1912～1997），山东莱州市（原掖县）人，毕生修炼太极功夫，自上世纪30年代末开始至50年代，先后师从赵铁庵、陈发科、杨禹廷、胡耀贞、王子英等前辈，通陈、吴、杨、孙四式而以陈、吴为嫡传正脉。其推手精湛、内功深厚、德高望重，见闻广博。我学完拳后常爱问东问西，尤其对太极前辈功夫轶事感兴趣，李老师偶会讲述一些精彩故事。加上从其他前辈那里的听闻和自己所知，记录成这篇文字。所述均凭记忆，有的为师兄告知。本着如实记录原则，不多评价。个别事情有违常理，以待研究，供同道参考而已。

### “北王”——王茂斋

王茂斋师祖是吴式太极拳创始人全佑先生的得意弟子，吴式太极拳第二代代表人物之一。他功臻上乘誉满北方，与南方的师弟吴鉴泉齐名而被称为“北王”。其拳技确乎达到了出神入化的境界。

一次，时值盛夏，闷热的天空中下着毛毛细雨，茂斋师祖同众弟子练完拳回返。他左手撩起夏布长衫的下摆，右手拿着一把折扇，一位弟子为他撑起雨伞，另一弟子忙叫来一辆黄包车，准备送先生回家。那车夫见来了生意，急忙顺过车把迎了上来。而王茂斋却执意不肯坐车，便顺势用右手一拨，就把黄包车带车夫一齐横着拨到了一边。这下可激恼了那位车夫，他不由分说，飞起一个朝天蹬脚，当胸朝王茂斋踹来。只见王茂斋不躲不闪，一刹那，那个车夫已飞出了丈外，仰面朝天摔在了地上。这家伙大喊："快来人哪，打死人啦。"巡警闻声跑来，但见一年轻力壮的车夫躺在地上，而对面的是位年逾古稀白须飘飘的老者。他一手撩着长衫，一手拿着折扇，在这位老者长衫的正面胸口处有一记清晰的鞋底印。谁是闹事者已不言自明，那莽车夫自讨了个没趣，说了也说不清，只好悻悻而去，但他最终也没明白自己怎么会被摔出去。

一次，王茂斋开的麻刀铺杂货店里来了位陌生男子，他一连几日都是到店里东看西瞧。既不说话也不买东西，店里的伙计们都觉得挺纳闷。有一日，这男子又来到店里，并直接走到王茂斋面前，指着店铺角落里放的箩筐垛说："请先生把最顶上的箩筐取下来。"王茂斋按着顾客的要求，用一根三四米长的挑竿把垛顶的箩筐挑下来，隔着柜台直接递给"顾客"。谁知来者不善，这位"顾客"趁接筐之际，暗中用力，这筐带动挑竿闪电般地推向王茂斋。王茂斋先生隔着长竿早已听出了对方劲路，于是顺其势，手一松，那男子连人带筐一下子跌进了筐垛中。挑衅者没占到半点便宜，满脸羞色地溜出门去。

在王茂斋祖师门下，有一位是带艺拜师的弟子曹幼甫。曹幼甫年轻力壮，非常有劲，一般人承受不了他的一拳猛击，人称"坦克车"。一次，王茂斋在家中给徒弟们说手，讲到"太极无手处处手，挨到何处何处击"时，曹颇不以为然，反问老师道："真的能这样吗?"王茂斋安坐在椅子上说："你可以试试!"曹抡拳就照王茂斋腹部击去，只听"呯"的一声，曹幼甫就像撞在了巨大的皮球上，被反弹了出去，从里屋一下子摔到了外屋，把一堵秫秸抹灰的间壁墙撞了个大窟窿。而王茂斋先生却仍安然坐在椅子上。

一天晚上，王茂斋在胡同里拄杖独行，胡同里灯光昏暗。这时有一年轻人问路，见是老者，上前拍了一下王茂斋肩膀。不想，问路人手掌拍落的同时，人已飞弹到数步外的灯下黑影里，在那哎呦。王茂斋走上前去扶那人起来，问，怎么了？那人说：老人家，我问路你干嘛打人？王茂斋说：年轻人，问路只要问，不要拍我呀。

一次，王茂斋与同门在太庙（今劳动人民文化宫）练完拳，大家相约去景山顶上凉亭喝茶，大家可以以各自方式前往，看谁先到。于是话音一落，有的跑步，有的叫人力车，争相赶去。王茂斋落在后面。谁知，当最先上山的人以为自己是第一个到的时候，抬头一看，王茂斋身穿长衫，手执折扇，已笑眯眯地等在那里了。奇的是，刚下了场小雨，而王茂斋当日新穿的“千层底”布鞋鞋底边上竟然没有沾上泥浆。

王茂斋从师于全佑，早时推手不是师弟吴鉴泉的对手。一次，回山东老家掖县（今称莱州市），要过莱水河，坐船上见艄公摇橹，忽然领悟太极拳劲。在家揣摩数月，半年后再与吴鉴泉推手，竟平手。吴问：师兄，你怎么长功夫了？王答：师弟，我是从艄公摇橹中悟出来的。师兄弟相视一笑。

### “南吴”——吴鉴泉

吴鉴泉师祖是全佑宗师之子。他是吴式太极拳的第二代代表人物。上个世纪的1928年，他把吴式太极拳从北京带到了南方，从而极大地扩大了吴式太极拳在江南的影响，以至后来传播到海外，吴氏一门为太极拳的推广做出了巨大的贡献。因此，吴鉴泉在太极拳界被尊为“南吴”，就是“南有吴鉴泉，北有王茂斋”。吴宗师的拳艺可谓登峰造极，已达到应物自然的境界。吴先师在清宫当卫士时为人随和，虽武功精湛却从不欺人，而与人较技却鲜有敌手。因此，一些同事常为挽回面子而出其不意地出手，结果往往是事与愿违。

一日清晨，吴鉴泉从炕上起来，还面向里，弯腰系绷带袜子。一个武林同事已先下炕，见有了偷袭的机会，遂悄悄从他身后扑上来，双手使劲向后抱其双肩，企图把他摔倒。可就在这位同事用力的一瞬间，未见吴鉴泉宗师怎么动作，这位偷袭者却从临炕沿一侧，经吴鉴泉宗师的头上跌出了窗外，重重摔在了院子里。不仅被摔的人弄了个丈二和尚摸不着头脑，就连等着看热闹的旁观者也闹了个莫名其妙，看不出吴鉴泉用的什么功夫。

一次，吴鉴泉先师和一些同事（也有说是师兄弟）在酒馆喝酒。之后大家找了个避风的地方休息。吴鉴泉稍带醉意，躺在一张躺椅上边静思，边用手轻轻揉肚子。这时，一个同事（或师兄弟）见吴鉴泉的肚子很大，就萌发了好奇心，他凑上前拍打吴鉴泉先生的肚皮说："师兄，你的肚子……"话音未落，这位只觉得从吴鉴泉的腹部传来一股巨大的冲击力，震得他连退数步，直想呕吐。

夏天的一日，吴鉴泉午后在宫内一棵树下青石板上休息，他仰躺在石板上，大肚皮亮着。一个同事见了，忽然想恶作剧，便找来一把绿豆往他的肚子上撒。结果，绿豆都被惊弹飞起，溅起老高，让人们感受到了吴鉴泉师祖的深厚内功。

约民国十七年（1928），国民党政府一些知名人士要组建成立中央国术馆，陆续邀请了一些武术名家南下参与其事。据说关于馆长人选最早考虑的是吴鉴泉，这是因为国民党要人（时任民政部长）褚民谊的主张选定的（他是吴鉴泉弟子，原来学其他拳，经交手后佩服吴而拜门）。褚由北京邀吴鉴泉南下时说：请您去当馆长，可以天天练武。吴鉴泉于是南下。到了南京后，吴问，馆长多大？还有人管吗？褚说：有人管，总统管。吴说：要是没人管就好了。褚一听，吓坏了（吴是满族，满清是由国民党推翻的，因此敏感）。于是内心生变，不想让吴当馆长，便在上海为他开了家大武馆，对他说：这可以专门练拳，没人管。吴鉴泉是个武人，于是同意到上海。不想，一到武馆门前，犯难了，褚让人贴了个对联："神拳太极吴鉴泉，打破天下无敌手。"吴鉴泉为难了，进退都不是。如果退了，让天下笑话，如果进了，也难免惹是非，要与人争斗。最后只有狠了心进去了。结果数月间不断有人来挑战，但无人不败。结果有一天来了位黄道士，人称"震七省"，武功高超。据传，两人比武三天，人们再未见黄道士出来。人们问及，吴门回答：黄道士走了。个中详情，难以稽考。

吴鉴泉要南下，师侄杨禹廷（王茂斋弟子）设宴饯行。餐后，杨禹廷一直送行，直到把吴鉴泉送到前门火车站，再送到火车上。到了车厢里，杨禹廷说：师叔"送"（指教）我一手吧。吴鉴泉说：好，你过来。于是俩人一搭手，杨被吴放到丈外的座位上，同时说：就"送"你一手。

下车后回来，杨禹廷师爷（李经梧老师第三位太极老师）反复琢磨，半年后终于悟出了这个劲，也就得了这一“手”。

**“五行掌”——赵铁庵**

赵铁庵师爷是李经梧老师移居北京后投拜的第一位太极拳老师。赵铁庵师爷是王茂斋和吴鉴泉二位祖师的顶门弟子，颇受两位祖师器重。有时，就把习武场上的事托付给他照看。一次，赵铁庵在拳场晨练完毕，一位内家拳的名家走到赵铁庵先生面前，态度傲慢地说：“你们的揽雀尾怎么用?”边说边动手来攻，赵铁庵被逼无奈，只得应战，即用揽雀尾势一下子把这位名家打出丈外，并撞在了场边一架紫藤花上，紫藤花飘落了一地。这位被打名家是王茂斋师祖的同乡，又是师祖的表兄弟。赵铁庵觉得自己失手打了长辈，给师父惹了祸，赶忙跑到王茂斋府上去认错，准备接受师父的训诫。待王茂斋问明了原委，不但没有责备他，反而觉得他在拳术造诣上有更大的潜力，于是又欣然把赵铁庵推荐给自己的师弟吴鉴泉，使他也成了吴鉴泉祖师的入室弟子。这样，赵铁庵在两位宗师的悉心指点下，拳艺精进。后来以他手上细腻的“五行劲”，知名于北方武林。1928年吴鉴泉南下传拳，跟随的徒弟只有赵铁庵。但去南方不久，因其他事提前返回北京了。为了练武，赵师爷终身未娶。

**“太极一人”——陈发科**

陈式太极拳一代宗师陈发科师祖被人誉为“太极一人”，是李经梧老师的第二位太极拳师父。李经梧先生是在20世纪40年代前期开始从学于陈发科，到1946年陈发科六十大寿时，正式递帖拜门为入室弟子，前后追随十四年之久，同时拜门的有孙枫秋、田秀臣、雷慕尼、宋麟阁等五人。

陈发科师祖功底深厚，拳架饱满，下盘极其稳固，其行拳快慢有致，蓄发互变，其爆发力确有无坚不摧之势。陈发科不善言词，教拳多凭身授，当弟子拳势不对，他就说：“喂！不对。”于是就再示范一遍，教学生反复练，直到他认为满意了为止。他在教拳中反复强调三个字“塌住劲”。陈发科手上功夫十分了得，缠、抖、截、拿、放，干脆利落，令对手沾手立仆。跟他学拳挨摔打是家常便饭，因此，不少徒弟都望而却步。一次，经梧老师从学后不久，向陈发科请教一个劲。陈发科坐在堂屋的太师椅上，让经梧师进招。李经梧老师上步当心一拳，陈发科一缠一放，并同时说：“就这样用”，把李经梧老师重重地弹出，撞在了窗棂子上，摔到院子里，挫伤了腰部，调养很长时间才恢复。

一次，陈发科到天桥散步，走到摔跤场，因不懂得跤场上规矩误坐在了挑战者（踩场子的人）坐的凳子上休息。此时两位跤手追逐摔到凳子旁边，以极凶狠的招式，想挤摔陈师爷。陈发科怕两个跤手倒在自己身上，顺手一扒拉，两名跤手全部应声倒地。两位跤手一见遇见了高手，赶紧请出了师父，通报了姓名后，方知是陈式太极拳的一代宗师莅临。众人赶忙重新设座敬茶，非常礼敬。

北京和平解放不久，聂荣臻市长召集武林名家们开了一个会。陈发科到得晚了些，一位武术名家见陈发科进门，便迎在了门口，想乘握手寒暄之机，用“金丝缠腕”拿陈发科一把。凭这位名家的功力，稍不注意必有闪失。但随着“咣当”一声响，再看这位名家，已跪在地上。原来就在对方发力的一刹那，陈师爷一个顺劲反缠，制服了对方，体现了听劲至灵、发之至骤的深湛功夫。

### “神拳”——胡耀贞

胡耀贞师爷是李经梧老师的另一位老师，他以心意六合拳和子路（午）太极拳见长，尤精内功以及医学等，曾师从几位道士学气功。他原籍山西，原来有家产，但因习武练功，财产都散尽了。解放后便在北京以教功行医为生。

一次，李经梧、田秀臣、孙枫秋、冯志强等几位师兄弟去看胡耀贞老师，正赶上胡师爷在打坐。一见几位徒弟来了，胡耀贞说：你们谁给我弄下来，我抽筋了，动不了了。先是田上去搀，未挪动，然后李经梧去搀，也未挪动，最后以力大著称的冯也上去搀，也挪不动。只好三四个人一起搬胡耀贞，还是搬不动，大家觉得老师重如千斤。最后，胡师爷自己说，好了，不抽筋了，自己下床了。李经梧老师事后说：这是老师在教诲我们，艺无止境，功夫还差远了，让我们别骄傲。

50年代初，某拳种创始人教站桩，一时学者很多。胡耀贞问多少钱能学？答说一个月十五元钱，胡说我交二十元钱。于是也学站桩。一天，胡耀贞举着双手说坏了，我抽筋了，胳膊放不下来了。创始人说那好办，让几个弟子给放下来，结果谁也搬不动。于是创始人说，你不是来学拳的，快把钱退你吧。你走吧。胡说：钱不用退了，我不来“学”就是了。

一次，几位徒弟、学生围着胡耀贞学拳。突然有位学生王某某朝着胡的裆部击来一拳，胡耀贞已来不及回手，只见他一沉气，用丹田发力，将王某某弹出数步倒地。胡于是对王某某说：你以后不用来了。

40年代李经梧老师潜心研习内功，但有一个诀窍不懂，于是请教胡耀贞先生。胡对他说：你要拜师我才能教你。于是李经梧在北京名店西城烤肉宛摆了两桌酒席，正式行拜师礼。饭后，胡单独传授给李经梧一句话，使他恍然大悟。李经梧事后说：这是“真传一句话”啊。

**“五虎上将”之李经梧**

李经梧在三十多岁时功夫已出类拔萃。1945年李经梧已是设在北平太庙（今劳动人民文化宫）的太极拳研究会最年轻的理事和推手研究组的组长，名列“太极五虎上将”［五虎上将依年龄排序是：赵安祥、李砚之（一说为韩秀峰）、李经梧、孙枫秋、王培生］，很多师兄弟和研究会中的理事们都已不是他的对手。一次，时任研究会会长的许明山（原冯玉祥将军部下主管后勤的将领，曾任北平警备司令）要来给太庙太极拳研究会挂“健康乐园”匾额。研究会的理事们都聚集在院子里等着许明山的到来。李老师在那翘首望着门外。此刻，一位叫张泽田的理事乘李经梧毫不防备，突然抓住他的一只胳膊採拧，试图偷袭他。哪知他刚一用劲，李经梧却突然借力发放，把人高马大体重200斤的张理事打得腾空跃出，重重摔在地上。大家把他扶起来，问是否受伤。这位理事上气不接下气地说：“今儿个就是摔死了我也高兴，我真的探出了经梧师弟有这么深厚的功夫。”

一次，李经梧老师与师兄弟们刚在中山公园练完拳，王子英先师（王茂斋之子，以推手知名，对李经梧多有传授）从远处走进拳场。王子英是最受人敬重的推手大家，因此，所有人都把注意力集中到他身上了。这时，一位以力大而出名的刘馨斋师弟（山东人）冷不防从身后将李经梧拦腰抱住，想把他摔倒。李经梧自然反应，立即沉气转腰，只听“叭”的一声，对方的肘关节脱臼了。刘馨斋吊着膀子治疗了一个月伤势才好转。

40年代的一天，李经梧老师在太庙替杨禹廷师爷看场子，突然来了一位壮汉“踢场子”。当时有四五十人在练拳。来者自称是练少林功夫的，出言不逊，说你们这太极拳能打人吗？李师礼貌回答说，可以，但太极不主张打人。不想来者不善，直接要交手。结果一出手便被李师放到丈五尺外的拳场边，正好后脑撞在钉在柏树上挂衣服的钉帽上，穿了个洞，立马到协和医院抢救过来。可是这个人一个礼拜后死于心脏病。80岁的李师对我讲此旧事时仍心怀内疚，十分沉重地说：虽然不是我直接致死的，但或许有些间接关系。功夫不好不能轻易与人动手，功夫好了更不能与人轻易动手啊。老师那时手上的分寸感没现在好啊。

1988年4月，76岁高龄的李经梧先生又一次回到阔别多年的家乡掖县，住在长子李树椿家，远近爱好太极拳的乡亲好友都不想错过这个好机会，纷纷前来请教。县里有位中医大夫，练太极拳40多年了，对李经梧十分敬仰，专门从县里赶来拜访。当时，李师坐在自家的堂屋里，这位医生快步上前，而李老师想站起来迎接他。那位医生用手轻轻一按，意思是不让李老师客气。可是李老师在不经意间抬手触及对方时，那医生却腾空飞出，摔倒在院子里。待李老师上前把来人扶起才发现对方的两条胳膊都摔破了，在场的乡亲们都惊羡于李经梧的功夫了得。后来李老师对我们说，这也许就是一种应物自然的本能反应吧。

解放前有一年，李经梧回山东老家省亲。母亲对久别的儿子总有说不完的心里话，就连在自家小磨房干活也是边干边唠。那拉磨的牛是挺有灵性的畜生，一听到两人唠嗑，就停下不走，母亲吆喝一声，它就迈动脚步，但两人一说话，牛又站住不动了。母亲生气地让儿子打牛几下。李经梧一只手扶着磨盘边缘，另一手操起草料叉子。他手中的叉子刚举起来，那牛见要挨打，便突然往前走。李老师扶在磨盘边上的手受力，顿时失去了平衡，顺着磨盘旋转方向，踉踉跄跄向前跌去，险些仆倒。立时，他领悟到这不就是赵铁庵老师授给自己的《太极拳秘笈》中的“太极圈”么！“退圈容易进圈难，不离腰顶后与前；所难中土不离位，退易进难仔细研。此为动功非站定，倚身进退并比肩；能如水磨摧急缓，云龙风虎象周旋。要用天盘从此觅，久而久之出天然。”这段《太极拳秘笈》歌诀，李老师不知读了多少遍，可以倒背如流。经过老牛这一拉，磨盘这一转，却使他从中妙悟了太极拳道的精奥：太极拳练的就是一个圈，讲究以腰为轴，这个轴如同磨盘的轴心，磨在原地转，轴心没有动，然而磨盘的转动就会把与它相斥的任何力量顷刻化去。

1956年，在全国武术运动大会上，李老师获得了最高荣誉金牌奖。当时赛制规定运动员赛前不能推手较技，怕出现伤害事故，赛后可相互切磋。就在获奖后，他同一位老武术家切磋推手中，对方欲用大搬方法牵制李老师双手，使之掀脚拔跟，再顺势前挤令其向后跌倒。就在对方施用搬势的一瞬间，李老师顺势随进，已感觉到对方失重欲倾，所谓“拔跟”了。如此时李老师微微发放，即可立时将对方跌出，但经梧老师却就此收手。围观各方各派名家都已看清了“门道”，对先生的高尚武德无不表示赞许和敬仰。

50年代中期，李师经常去北京锥子胡同河北省驻京办事处看望河北省重工业部赵衡部长，并向他传授陈式拳。当时，作家冯志正在那里写《敌后武工队》这本书。冯志本人就是一位深谙武术，身手敏捷的老敌后武工队员。因大家经常见面，互为朋友，说话也不介意。冯志见赵衡学的是太极拳，就说你们练的那拳实战用处不大。赵衡不无风趣地说：“那你跟李老师试试。”冯志使出自己拿手的功夫直取李老师，李老师用掩手肱捶式，以左手拦开对方右手攻势，右手缠住对方左腕，顺势牵抖，对方瞬即双脚离地失去平衡向墙上跌去。就在这一瞬间，李师上前一步，又把冯志拉了回来。三个人开怀大笑。冯志自知不是对手，从此对太极拳不再小看，也对李经梧的武技佩服得五体投地。

1962年，河北省医学界专家团到北戴河疗养。有一位外科医生，颇有些功夫，曾与诸多名家交过手，特提出与李老师试试，李老师答应过两招。两人一搭手，李老师就用粘劲封住对方，使其动弹不得，然而，此时李老师对对方微微一笑，就此收手。事后，徒弟不解地向老师发问：“为何不发一下劲，让对方‘体会’一下?”老师说：“人家练得不错，他心里明白了就行了，非难堪人干什么?”

师母去世后，李老师心情一直不好。1984 年夏，有一天几位师兄来李老师工作的北戴河气功疗养院（今改为河北省医疗气功医院）体疗室看老师。李老师主动要与弟子们推手，几位师兄见老师心情不好，说别推了吧。李老师说没关系。第一个上来的是吕德和师兄，一搭手，李老师便将吕师兄放出一丈远撞在了墙上。由于是夏天，吕穿的是的确良衬衣，被放到墙上后，他人一下子要虚脱了，一看墙上都把汗湿的衣纹深深印上了。事后，吕德和师兄说，好难受，翻肠倒胃。李老师反应过来，十分歉意地说，不知怎么了，突然用了内功，我平生很少主动出劲啊。这恐怕是李老师很少的一次“主动出击”。

一次，四位师兄来学拳。他们都对神奇的内功半信半疑，想向李老师请教。李老师想了一下说，这样吧，你们一起来。由于当时是在疗养院里，正好有个大床，于是李老师仰面躺在了大床上，让四位师兄分别按住他的双手双脚。当四人已用上力时，只见李老师丹田用劲，浑身一抖，四位师兄全都腾身而起，被弹抖出去，切身领教了“内功”里的“内劲”。

在山东莱州流传着一个真实的故事。李老师有一年回家乡，经过莱水河，过河当时无桥必须摆渡。乘客携带的东西有规定，不能超过标准。李老师不是每年都回家，所以东西带得多。前边乘客过磅时磅秤还好好的，到李老师过磅时，便说，我这东西不超重。称量人一看李老师一百五六十斤的体重，手里大包小裹的，肯定超重。不想，李老师上磅后，只有 40 公斤。连试几次都如此，这怎么可能呢？李老师哈哈大笑，称量人却摸不着头脑了。李老师一个人的体重都要在 80 公斤左右，而且手里还拿着不少东西，上秤后却变成了 40 公斤，真是奇了。这是真事，但难以解释。此事很快传开，人们称为“李经梧过秤减分量”。

1985 年 12 月的一天上午，北戴河气功疗养院体疗室内一片喧哗。人群中一个壮年人正与李经梧较技。刚一接手，李老师就“听”出对方十分“懂劲”，因他用力含蓄、若有若无。李经梧只得主动“问劲”引对方使力，果然，围观者尚不知怎么回事，壮年人已经仆地而倒。原来，这位日本拳师叫高桥贤，专习形意、八卦、陈式太极拳。精通中国武术，来前曾走访过北京、西安、武汉、长沙、沈阳、石家庄等地的一些武术名家，从未输手。因此他狂妄地夸口：太极真功已不在中国！太极真功已在日本！此次有人推荐他与李经梧比试。经与上级部门和李师本人商量才有此次较技。此刻他仍不服气，迅速脱去羽绒上衣，再次出拳击向李经梧，其拳势之刚猛令人咋舌。李经梧舒臂“掤”住来手，随之转腰一化，使出太极拳“四两拨千斤”之功法，一下又将日本客人发出数尺倒地，但这次李师用了内劲，以至日本人脸色蜡黄。被李经梧精湛功夫折服的高桥贤伸出大拇指连声称赞：“真是好功夫！太极真功仍在中国。”要知道，高桥贤时年38岁，李老师时年已73岁高龄。他甚至提出拜师，被李老师婉言谢绝了。

李经梧老师在建国前是个个体店铺老板，孙枫秋是二老板。他们开的“五洲百货店”原址即在今天的北京西单百货商场处，是个二层木结构楼，一层是店面，二层是掌柜办公室。那时，李老师练太极入迷，店里也不怎么管了，天天在二层与师兄弟推手。由于是木板楼，嘭嘭直响，以至店员们问：掌柜的你还做生意不？有时把陈发科或王子英接来，推手动静就更大了。建国前夕土改，李经梧老师就把店面卖掉了。

平日，李经梧老师总说太极拳要“中正安舒，支撑八面”。有位师兄心存疑惑，太极功夫真能支撑八面吗？他决心验证一下。有一天，李老师正给吕压西师兄“说手”，背对着想验证的这位师兄。他见机会来了，于是乘老师不备，突然从后面出手击向李老师后腰（他只是想验证功夫，绝无恶意）。不料，吕压西师兄被李师放出的同时，后面这个师兄也飞倒在老师酒柜下面。爬起来后一瘸一拐回家了。到医院检查是半月板骨折，调养了好几个月才痊愈。事后，这个师兄说我“验证”的代价有点大了。而李老师也很过意不去，嘱咐我们弟子说：以后不要偷袭或背后出手，因为我看不见的地方，出劲就控制不了，易于伤着人啊。

梅墨生

（原载《武当》2011年第5、第6期）

# 附录二

## 仰之弥高　俯之弥深

## ——记秦皇岛市武协主席李经梧

太极拳，是一项几乎尽人皆知的有益运动。观摩太极名家的表演，我们不仅可以领略到精湛的技艺，还可以体察出那里边蕴含的恢宏壮阔的人格、气度之美。

1958年，在一次武术运动的大会上。作为特邀队来交流技艺的北京武术队一位年龄不足50岁，身材颀长的教练表演了陈式太极拳二路捶。他行拳走式轻灵沉着，舒卷自如，刚柔并济，缠绵弹抖，若称“浩浩乎如凭虚御风”，绝非虚誉。表演完毕，人们的掌声、喝彩声响成一片。这位功夫纯正的太极拳表演者是何人？他就是现今身轻体健、76岁高龄的太极名家李经梧。

### 暑往寒来　艺融四大家

与许多在名门学艺上有所建树者一样，李经梧也是跋涉过漫长的学武之途，经受了异乎寻常的磨炼，才“阶及神明”，有所成就的。

1912年，李经梧出生在山东掖县过西村的一个工匠之家。那时金瓯残破，民不聊生。由于家贫，李经梧只念了几年书，便在14岁上“闯关东”到哈尔滨当学徒。因生活清苦，体质孱弱，不久他就患了风湿病。虽经多方求治，仍未见效。后来他听说习武可以祛病，遂产生了拜师学武的念头。经人介绍他随当地名师刘子源始学秘宗拳。几度寒暑，一番苦练，他的腿疾全好了，而且练就了一身功夫。

学无涯，功无息。李经梧壮年后学成染织手艺，常经商往来于塞北江南。视野的开阔，使他深造的决心益坚。40 年代左右，他定居北京，辗转拜在吴式太极拳宗师吴鉴泉、王茂斋共传大弟子太极名家赵铁庵门下。由于李经梧人品好、悟性高，故深得赵师喜爱，数年中尽得其传。这期间，他虽已小有所成，却虚怀若谷，转益多师，又曾先后问业于太极名家杨禹廷、推手名家王子英（王茂斋之子）。

那时，由于历史的原因，师傅传徒比较保守，即使是入室弟子，也是“修行在个人”。李经梧用他的汗水和聪明很快在同门中成为佼佼者，并在太极拳界与当时俊彦孙枫秋、王培生等被人称为“太极五虎上将”。

后来，陈式太极拳宗师陈发科至京授拳。为广采博收，期于大成，李经梧不存门户之见，复慕名拜师陈发科从学陈式拳。几乎每周他都用车接陈师至家住一两天（此称教馆），朝夕与师请教技艺。陈师艺高手快，众所周知，但他不善讲解，所以从学者往往难窥其奥。李经梧用心体会老师口授身传，功夫精进，故殊为陈师器重。当时，李经梧老师细细咀嚼吴式拳之柔化与陈式拳之刚发，融化上手，堪称善学，声誉渐噪燕京。

建国后，李经梧又潜心研究国家体委以杨式太极拳为基础改编的太极拳套路。1959 年，在国家体委主持下，由李经梧表演拍成《简化太极拳》科教片发行全国，备受好评。60 年代初，东北名拳师李天池来北戴河学习气功期间，又与李经梧切磋拳艺。李天池将武术大师孙禄堂所创孙式太极拳相传，而李经梧则将陈式拳回授。

60 余年来，李经梧习武不辍，不管境遇顺逆，他都无间寒暑，不舍晨昏；精研细揣，深得通化。他把所得太极功夫证于拳理，研于生理，验于较技；取吴式巧密柔化之功，聚陈式缠丝刚发之力，掺杨式圆满舒放之长，揉孙式开合活步之妙，集而成之。

尽管李经梧自 1957 年后即退出赛事，不求闻达，远于名利，但他高深的功夫，端正的人品，还是不翼而传。

### 柔化刚发　恭接八方手

"山以虚则能受润，心以虚则能受人。"李经梧习武迄今多经名师门派，会友比武，但他从无门户之见。尽管艺高技精，绝不以武欺人，更不擅自我张扬。倘不得已与人交手时，他亦以艺赢人，以德服人，总是点到即止。一生几无争勇斗狠之举，表现了一个武术名家的高尚品德。

李经梧对于太极拳法的各种劲路运用娴熟，早在壮年就已身手不凡。其推手听力之微灵、发力之脆大，堪称鲜见。

1962 年，河北省医学界专家团来疗养院修养。时有一医院的外科主任，颇有些功夫，曾与诸多名家推过手，特提出与李经梧一试。彼此相接，李经梧只一伸手，对方就被"封"住不能再动，此时如李微微一放，对方就将倾跌出去。但李经梧却就此收手。当时这个主任表示十分佩服李经梧的"听劲"功夫。事后徒弟们问及为何不"放人"，李师笑答："人家练得不错，与我交手输了，心服则已，非难堪于人做什么?!"

1985 年 12 月的一天上午，北戴河气功疗养院体疗室内一片喧哗。人群中一个壮年人正与李经梧较技。刚一接手，李老师就"听"出对方十分"懂劲"，因他用力含蓄、若有若无。李经梧只得主动"问劲"引对方使力，果然，围观者尚不知怎么回事，壮年人已经仆地而倒。原来，这位日本拳师叫高桥贤，专习形意、八卦、陈式太极拳。此刻他仍不服气，脱去羽绒上衣，再次出拳击向李经梧，其拳势之刚猛令人咋舌。李经梧舒臂"掤"住来手，随之转腰一化，使出太极拳"四两拨千斤"之功法，一下又将日本客人发出数尺倒地。被李经梧精湛功夫折服的高桥贤伸出拇指连声称赞："真是好功夫！太极真功仍在中国。"

### 品格高尚　心轻千金利

李经梧人品端正，重义轻利是有口皆碑的。他平生从师较多，但不管对于哪位前辈都是尊恭有加，情如父子。陈发科老师晚年生活景况不好，李经梧出面组织"首都武术社"，特让陈师（还有胡耀贞）任社长，自为教练，主要是为了有些收入维持陈老师生活，其拳拳之心可鉴。

李经梧是旧时代过来的人，但他没有封建意识，更没有沾染陈规陋习。近年来，许多武坛俊彦新秀，虽已名成功进，仍纷纷来拜师求教，深受学生们的敬佩。

一个曾经跟李经梧学过拳的人，现已去瑞典继承祖业，是一家进出口公司的总经理。1984年，他特意来邀请李经梧去瑞典授拳，并有丰厚的待遇。但李老师婉言谢绝了："我年事已高，教不了了……"果真教不了吗？不。自1959年秦皇岛市委与国家体委、北京市总工会文体部协商，请调他到北戴河气功疗养院任拳师以来，他勤勤恳恳，皓首经年，为普及推广太极拳运动不遗余力，何曾说过一个"不"字？即使在那动乱年月，不能公开练拳授艺，他不是也在偷偷地"运转阴阳"，打拳教徒吗？在30年的漫长岁月里，他对疗养员教拳百问不烦，仔细认真，一式不明，反复示范。现在虽然退休了，他仍每周去院里辅导3个半天，来往步行，不知疲倦，何曾说过一个"不"字？"淡泊以明志，宁静以致远。"从这件事上，我们似乎可以感到一个老武术家轻名远利的"浩然之气"！

**功传德教　仁布后来人**

李经梧作为我国武术界宿老，建国初已声誉卓然。1956年他参加北京市武术运动会一举夺魁，获太极拳第一名；同年代表北京市参加全国武术运动会荣获金牌奖，并被评为优秀运动员。从此，他正式退出赛事，一心致力于太极拳的研究和推广工作，被国家体委安排在中央一些单位及群众团体教练太极拳、械，还兼任过北京市武术队、北京市业余武术学校教练，并多次出任过全国武术比赛的裁判和第一届全运会的武术裁判。

自50年代末携眷来到北戴河海滨，他又在太极拳的医用研究与气功疗法的配合方面做出了有益探索。不少慢性病患者在他的指导教授下，习练太极拳得以重返工作岗位。辽宁大学教授李汉超原患严重神经衰弱症，彻夜难眠，苦不堪言。自1963年随李经梧学拳后，才又恢复了生命的活力，渐渐地迷上了太极拳。只要有机会，他总是专程到渤海之湾来请益。现在他能连续工作十几个小时，写作、授课、指导研究生。一封封感谢信像鸿雁一样传递着人们对李经梧的感激之情。

李老师严于律己，善于教人。他课徒较严，首重武德，经常告诫徒弟们不要搞门户之见，不要背后议人短长。他说："练武之人口德和手德最重要！不要恶语伤人，更不要恶手伤人。"他特别提出要尊重老前辈、老拳师，不可逞能好胜，自满自矜。对徒弟他一视同仁，发现缺点，毫不客气地批评。李经梧在研究继承、整理发展古代文化遗产武术上也花费了不少心血。1957 年，他曾受国家体委委托，与武术界名人唐豪、李剑华、李天骥、顾留馨、陈照奎等一起编写《陈式太极拳》一书。1960 年，他又把多年秘不外传的《太极拳内功》练法著述成书，几经修改于 1986 年正式出版发行，备受欢迎。1964 年，他还就太极拳学术问题撰文，澄清了一些混乱观点。

李经梧受到党和人民的信任和尊敬。他曾被选为河北省三、四、六、七届人大代表，秦皇岛市政协常委，河北省武协委员，秦皇岛市武协主席，河北省运动医学会理事兼副秘书长，省气功协会理事，北京陈式太极拳研究会顾问……前不久，他又接到了国家体委武术研究院聘他为学部委员的聘书。联系起李老师的品德技艺，我们不禁想起了《太极拳经》里的一句话："仰之弥高，俯之弥深……"

梅墨生　王大勇

（原载《中华武术》1988 年第 1 期）

# 附录三

## 李经梧传人名录

**李经梧入门弟子**

李树椿　李树峻　李美江　李　芳　杨培文　国超群　刘云宽　潘序伍
陆尚君　赵文山　王大勇　赵振生　梁宝根　徐汉庭　孙晓亭　潘淑仪
吕德和　刘彦君　徐　翔　冯益建　丁少春　张玉琮　冯志明　谷平海
刘亚非　甄维方　范　增　秦文礼　刘来春　刘玉兰　陈湘陵　周树生
贺向农　孟庆昌　左致强　李凤君　张蕴山　曹瑞明　刘兴基　王广礼
周冠义　楚家俊　于海龙　周忠义　冯丽珍　贾仲满　刘玉智　李建民
项国员　单　颖　吕压西　张蕴良　冯　滨　孙洪光　梅墨生　徐立洲
胡万金　王淑芹　闫　芳　王绪仁　刘益琥　尹钟麟　王怀珍　张玉珩
杨福奎　贾玉彬　贺长锁　惠有森　吕国熙　王风锁　卢津原　赵　洪
孙金星　程显坤　霍志民　徐步阶　索珍山　明桐林　孙新城　张志君
杨玉岐　张天戈

**李经梧再传弟子**

李树椿—李茂舜　李洪舜　李京舜
李树峻—李　良　李茂舜　李洪舜　邓鹏飞　施孝恩　施国君　叶玲玲
马继崇　安乐业　张玉华　蒋宝忠　邢兰波　张学仁　温岱民
武志梅　唐　军　岳松海　岳广道　霍志刚　王瑞昌　王贺仁
康元宏　魏金藏　王久盛　卢素更　张金萍　米文忠　王福新
段建平　魏福梅　么安安　李良生　刘全才　魏海均　霍　璐
单亦奇　施介周　张凤书　郑炎桐　刘　镇　周毕文　刘红岩
奕忠学　杨增峰　郝建筑　郝震林　郭丽华　郝　静　郝　楠
李红根　魏存平　周梦华　席晓东　曹志存
李美江—叶玲玲
王大勇—张天增　秦国军　刘玉华　王立春　陈德国　李晓源　范宝清
苗青春　李小龙　王永存　孟湘荫　卢志刚　王海岩

张娟娟（女） 刘长荣 任鹏海 刘乐远 刘玉友 王剑海
刘庆山 王 洪 纪长林 尹超君 刘铁领 张承安 王廷舜
罗建国 王文清（女） 于桂敏（女） 黄桂华（女）
吕惠珍（女） 绍忠利 廖丽荣（女） 孟祥萍（女）
付莎莉（女） 杨万德 谢天喜 陈 建 韦增平
马 丽（女） 梁永国 张 洁（女） 张桂永 史绍安
张桂华（女） 李文江 岂鹿天（女） 刘佳莹（女）
孙 龙 李翠凤（女） 胡西胜 李 强 宋俊英（女）
魏国东 孙 涛 袁开宇 于东明 李 昆 张会田
董 玲（女） 张桂兰（女） 幺鲁刚 邓淑敏（女）
魏荷珍（女） 马立杰 黄爱华（女） 郭书存 王建印
袁云芬（女） 孟素艳（女） 李敬国 高洪杰（女）
田丽秀（女） 王国庆 马艳敏（女） 尹胜太 刘玉甫
马俊月（女） 张红菊（女） 赵 丹

梁宝根—梁立芳 杨书法 陈明贤 高增林 贺志林 贺双林 杨小秋
赵海泉 柳军珂 贾守仁 苏生羽 王庆军 张建林 胡朴顺
王福寿 冀少礼 陈文功 李建国 杨书太 李长发 尼树新
袁志显 赵风林 樊树萍 孙树荣 成仁芬 刘月鹏 张秀芬
高全顺 霍荣彩 张义军 付新霞 任兰果 王艳芬 白红军
马玉萍 张五常 张六元 杨建山 王梦龙 李国林 王尧平
王国华 焦钰棠 齐巧云 崔振平 李瑞忠

孙晓亭—孙忠善 邓吉盛 胡振林 孙永钊

吕德和—成荣祥 于守仁 朱泽建 杨光普 刘阔增 李晓智 黄小舟
胡 刚 李洪武 于宝环 蒙一丁 刘万春（澳） 高景田
申正焕 高 瞻 孟宪超 胡晓光 杨宪军 彭洪文 李永成
徐良辰 郑荣龙 蔡金和 马春志 杨卫国 刘晓伟 王汝深
李 明 何 杰 林保国 杜桂林 托马斯（德） 孙晨明
王建华 彭树新 李振民 王安久 刘 为 刘玉斌 刘希华
张礼珍 李家峰 王凡顺 张守慧 王卫东 陈卫东 李丽华
赵克香 马明娜 苑 琦 蒋淑兰 李淑芳 李贵海 翁立志
李晓华 王海明 英 龙（澳） 邢 娟（澳） 郄录秋
朱明华 肖兴华 杨 建 刘晓峰 马宝书 周 萍 孙文达
陈国良 鹈沼宏树（日） 张力庆 黄锦灵 英 林 王 勇
张晓东 陈晓勇 乔静莉 山本忠明（日） 吴景元（港）
任怀东 李连凡 徐 新 马卫泽 朱传强 崔明慧
吕晓雪（女儿） 吕旭东 吕广义 吕广信
Alexandra Prase – Dressler（德） Susann Heidrich（德）
Merlin Lang（德） Heide Gerber – Wldele（德）
Esther Noske（德） Philipp Holstiege（德）

Thorsten Hentschke（德）　Nils von Hentig（德）
Andreas Zimmer（德）　Erol Babacan（德）
Markus Büchting（德）　Alexander Reichel（德）
Ralf Kikillus（德）　Thomas Balzer（德）
Emanuella Barone（德）　Adnan Hamadi（德）
Moritz Bauer（德）　Nico Mattauch（德）
Markus Steindreischer（德）　Toni Lexa（德）
Andrea Teuscher（德）　Maria Chrisogiannopoulos（德）
Vera Hofmann（德）　Volker Braun（德）
Franz Nüsslein（德）　Kai Prase（德）
Noela Müller（德）

刘彦君—赵树本　叶向前　梁国永　冯长山　单印星　孙喜祥　郄尔玲
马　骥　刘　伟　李建民　刘晓刚　李秋侠　黄　静　黄素云
郝春海　石宝峰　王桂珍　张兆青　刘　川　魏绍华　张金涛
杨红菊　杨春艳　廖秀兰　杨　宏　孙　朋

徐　翔—曹爱国　徐晓毅（女儿）　李志刚

冯益建—冯　鑫（儿子）　唐立军　尹艾楠　顾丽丽　王奎元　肖远德
王建勋　陈庆合　金海涛　孙志新　刘印成　章广耘　张青云
李鹏程　郑永成　宋朝辉

张玉琮—张建红（次女）　任忠信　王久存　翟绍臣　霍文信　李秀山
董德权　李向东　张久丰　王树友　郑占成　陈晓军　郭玉和
田连弟（女）　董会星　谷铁男　刘云华　袁泽龙　高振起
魏明俭　吴建生　张立新　王晋举　王文茹（女）　何宝良
范恩北　陈　平　续展弓　范志宏　魏庆敏　高秀谋　张顺利
崔学光　李　杰　姚永奎　王煜晶（女）　乔金喜　武家起
陈文玉　宋立波　侯均生　张　健　曹红娟（女）　赵国辉
孟宇宏　李淑新（女）　董文起　成惠琴（女）　刘建华
韩新林（女）　王京生　才立忠　刘金海　回宝彬　董和利
孙朝晖　邢卫红　王惠玲（女）　李静华（女）　李文生
尚晓峰　张惠珠　梁学柱　孟庆军　黄志勇　张瑞林　杨柏起
渠克强　王淑玲（女）　张仁辉　李建新　郑月敏（女）
刘绐江　郝静柏　吕学英（女）　时绍辉　倪立君（女）
孙来江　吴忼红（女）　赵　杰　李　清　吕红星　释亲贤
何康怡（女）　赵　乔（女）　许焕文（女）
马　慧（女）　庄海燕（女）　琚泽永　张玉石
王　奕（女）　刘光武　王绍华　吕　黛（女）
姚尹君（女）　周则忠　张秀娥　释昇涛　吴其树
刘　伟（女）　陈　靓（女）　崔洪波　苏明生　黄光明
江巧华（女）

冯志明—张　升　杨利国　刘绍华　张　军　王新华　毕硕东　王　新
徐　扬　刘　汉　祁建山　金福忠　祁海军　赵国桥　冯　凯
刘德林　黄立臣　唐绎涵　汪寿泉　周棋鑫　张晓辉　李少杰

谷平海—蔡晓峰　韩福兴　宋宏宇　孙克利　王凯源　景海波　魏俊武
高进福　高建昌　李猷彪　王伟仲　杨吉庆　王致斌　孙瑞丰
康兰霜　张振杰　董　诗　马维军　苏旭洪　谷　欣（女）
王　蕊（女）　姜玉兰（女）　周立君（女）
公培芹（女）　徐新华（女）　孙玉兰（女）
陈艳霞（女）　杨静媛（女）　赵红燕（女）
梁亚欣（女）　邓丽华（女）　王素艳（女）
艾红梅（女）　王新兰（女）

刘亚非—周　莉　肖远德　王妍力　王　崴　高　尚

甄维方—田建华　郑向阳　冯杰滨　郑向东　曾凡平　王新国

秦文礼—任　连　牛志杰　毛钧寿　吴彦旭　杨　志　李建军　张玉林
王小庆　贺意志　王卫国　赵双全　葛振会　薛志成　林东河
赵玉林　王海舟　王彦增　杨书太　吴春生　赵根发　王建国

刘玉兰—刘裕华　陆春光　邵光远　周洪志　杨庆丰　孙东林　曾铁秋
杨庆奎　丛振奇　李宝明　王晓静　艾　民　田玉林　王晓兰
孙　浩　隋祥根　刘晓平　刘成兵　王　毅　姜忠伟　张立昌
李世范　田　伟　唐月娇　丁　林　韩志发　李峥嵘　孙景芬
吴意茹　万春青　张建丽　金景贵　杨友林　朱德利　薛铁良
杨爱秋　杨春暖　于洪峰　姚庆义　高彩莲　黄文玉　佟秀琴
李　丽　赵淑兰　王玉凤　魏一志　徐文超　颜作新　杨秀文
万春荣　李惠清　许悦姿　周庆文　杨凤琴　刘　锦　范树才
关惠岩　张全义　赵世林　董秀娥　张　勇（小）　温　健
杨庆宇　吴敬敏　李　伟　张　勇（大）　吕殿琢　白　泊
乔　明　曹庆贞　王淑丽　张　锋　常丽娟　齐向东　李德海
李忠亮　刘兆臣　王太山　陈宝芳　李炳刚　张建明　商玉堂
王佑丰　李金港　王树举　荣　军　李传栋　王金岭　吕思珍
刘志华

陈湘陵—张修刚　陈　蔚　陈秀英　牛建立　宗少石　龚梅仙　金忠民
王国汉　姜正发　吴　峰　曾防汛　杨忠发　胡爱华　马巧梅
朱彦军　杨荣芳　涂次洛　邓年莉　汪伟利　汪忠玲　巴秀云
葛菊英　常宝珠　张爱云　周福东　程德明　陈秀琴　江　萍
廖　峰　绕新年　袁元仙　周志筠　岩元勝（日）
玉雅子（日　女）李　芬　姚　莉　谭　莹　柯德明　魏华锋
万　丽　刘　骏　关兵才

周树生—周洪斌　黄赐福　卓清海　李松裕　陈美郿　陈淑珍　徐永庆
张嘉珍（女）

贺向农—王铁刚　孙东迅　张　起

孟庆昌—王东辉　陈彤兵　赵立新　田保卫　赵昌生　周俊祥　彭立国
张　杰　武永昌　李苗芹（女）　卢法兴　徐爱芬（女）
刘东旭　王树林　徐恩海　王　东　魏永生　王罡锋（女）
谷孝惠（女）　谢　作　高春生　赵喜燕　王晨萱　何洪志
叶乐义　王景波　孙英斌　孙二斌　李建云　陈贺营　莫飞英
许东辉　闫　红　刘　斌　李爱东　石国栋　武永淳　丁　波
葛华新　刁兴福　赵树森　张铁军　王益余　郭儒林　薛春喜
史国新　严　彬　薛秀兰（女）　刘　英（女）　金业生
那海清　杨淑琴（女）　姜亚利（女）　于治双　于延浩
宋建平　魏国平　郑秀丽（女）　李慧敏（女）　岳　挺
陈国旭　安　宇　王洪明　李建民　赵培源　马　新　陈志刚
项　育　杜俊德　王岁月（女）　郑桂珍（女）　孟卫东

左致强—张建国　左志强　郭长震　张彦华　杨勇强　郭　兵　边　江
叶　江　牛国柱　张喜武　李贵祥　高沪丰　张桂梅　刘树光
胡锡城　高立明　陈东勤　租秉顺　邱士军　杨志军　李卫东
吕明刚　张玉宏　桑　俊　左文举　王少博　王清河　李　玉
张庆武　黄文斌　马国珍　宋兆寅　武金生　王春生　苗玲玲
周剑弘　刘　军　赵宝江　沈占海　李广武　张杯新　杨林生
李春芳　李福友　俞占海　陈玉莲　何秀云　田风起　刘金忠
孙宝良　张效众　于淑宝　陈高杨　赵　昆　李万功　周树青
郭　鹏　李洪飞　张亦东　刘　斌　张继文　张明通　董占群
焦跃雷　郑　训　黄晓春　苏小安　刘　军　谢惠蔚　李　丽
毛竹键　杨文清　姬玉柱　何志勇　马　伟　李　金　徐志云
龚　翼　陈林宝　张　龙　何　龙　倪红芸　程　清　赵乃训
倪宝汉　张建生　戴庆奎　曹云飞　柏　青　董永祥　蒋梅娟
张根生　许奔原　李国方　藏长青　梁荣华　吕　丽　朱金城
张学军　王　旭　金崇翰　肖淑琴　张桂花　崔永春　王秀华
张希坤　申廷海　宋帅斌　于　全　刘长明　苏宝珍　冯震儒
曲爱国　包冬梅　李友根　窦紫剑　万姘嫣　李全盼　于利民
周兰祥　王义伟　王晓辉　陈晓敏　刘　秀　张永新　张利峰
高文贤　黄　卫　肖天峻　徐永前　杰　夫

李凤君—李成志　叶成民　王振平　李志东　米福清

刘兴基—李本仁　郑荣龙　汪　伟　李明哲　杨　森　张　昕　张春志
高井田　崔　岩　于宝环　蒙一丁　刘万春　孙振军　孔祥林
曹铁林　张哲夫　张　杨　陈荣举　申正焕　徐惠君　夏青山
王大明　徐良辰　顾晓冬　曹　林　孙晓玲　王凡顺　赵亚镇
胡朝辉　王卫东　杨建国　杨卫国　王广和　姚建宇　李雨时
翟新民　杨宪军　申术情　刘静茹　宋春林　林宝国　彭洪文

曹建山　孟宪超　康万忠　李永成　高　瞻
楚家俊—楚　栋（长子）　楚　辞（次子）　李金生　吕会明　沈　伟
秦满军　时少锋　孙成军　刘景山　王振生　田利军　刘铁刚
王　卫　罗玉东　赵立江　高学明　张秋瑞　李建民　冯庆会
白霄宇（女）　孙长福　孙振铎　陈雪锋　田宏锋　杨　宏
户公社　喻鹏程　谢　辉　张建儒　王永志　芦秉文　张福生
孟广久　母占河　杨玉彬　王　清　高　阳　燕　江　高立新
李　辉　孟祥臣　李俊兰（女）　关国英（女）
郁　艳（女）　郭洪忠　裴　明　王永兴　张　泳　郑小臣
赵延丽（女）
贾仲满—刘振齐　杨连生　梁伟华　张贺春　杨　启　张　毅　薛　光
韩艳红（女）　贾玉梅（女）　古孝慧（女）
刘　平（女）　涂维建　周毅良　李丙忠　罗　明　何玉忠
张　平　赵树军　张　悦（女）　陈　强　陈丽娜（女）
冯淑娟（女）　李　黎（女）　王宏伟（女）
王晶秋（女）　杨　林　张桂梅（女）　李　荣（女）
孙　雨（女）　郑佳莹（女）　王美娇（女）
张林爽（女）
刘玉智—张玉顺　张立研　孙勇杰　张亚民　王明山　李臣林　刘子勇
王柏顺　赵晓华　孟宪君　张庆臻　苏云宝　李志刚　马全儒
高瑞华　李德利　董克家　胡义秀　李　彦　于宗武　孟宪斌
高凤至　张志明　甄玉华　王会成　晏东明　王学民　吴国贤
刁树敏　李广德　郭建军　高　佳　李树声　李升旗　张　祥
冯树征　郭拥军　赵国清　靳　河　刘绍彦　李东林　郑子兴
孟庆旺　孙喜彬　苏志强　代树岭　郑新国　王海鹏　贾绍忠
苏云丰　杨　槐　崔同泉　徐　佐　侯晓山　汤志良　李宝成
于福利　梁永强　崔艳辉　崔燕然　刘会林　程海鹏
斯达思（俄）　迪　玛（俄）　郝云生　王　武　李印弟
张奎元　郭　波　刘云丽　刘云杉　汪大超　汪小超　蒋公健
夏来民　刘淑贤　杨玉敏　白　永　李龙逢　钱敬涛　王宝春
张宝龙　杨　鲲　甘怀河　李卓俊　张　昶　董　波　吴春杰
赵晓刚　王　平　温志强　杨　喆　崔建刚　高　昊　代伟峰
戴　宏　于宝春　于福胜　陈　强　洪　玮　王东东　李永存
莫振彪　晁　魏　邢月友　张兆辉　刘长明
李建民—陈惠林　杨　惠　禹金祥　路世国　高云凤　刘　鹏　孙　明
李学科　王　强
项国员—刘占民　李健民　张怀兴　宋治华　孙志恒　邢　军　张　军
张茹香　周志芹　姬文凤　黄丽敏　唐淑兰　孙志军　李　健
张克印　孙宏伟　于经伟　刘凤利　李春芳　于占海　杨连生

刘希忠　李景伟　杜耕田　李健民　刘贵德　张庆德　孙宝良
董桂香　张振方　王文军　李　友　刘建忠　左文平　杨连山
王国生　靳文远　刘丙山　田凤崇　李宝堂　何秀云　付卫东
吴金平　齐玉新　池青松　柳世凯　荆信泼　李雪伯　王庆阳
赵　瑾　张　芮　裴迎宾
单　颖—战柏林　林秋朔　王海龙　吴悦民　陈　健　吴先增　林志斌
洪海建　邱春发　谭伟彦　吴志雄　关小梅　郭常胜　赵中奇
任显中　石宝峰　胡旭生　安润民　冯雪松　邓顺英　林　潇
陈伟添　王　湘　黄明启　李传坚　谷任合　谷任利　钟泽辉
侯国旺　杨振洲　张秀江　谷　平　刘　泉　杨益平　林建明
邓维新　黄卫东　莫茹操　刘蜀行　李国全　张延强　张延海
王洪志　王　翔　刘永明　赖建东　左　权　郭　勇　张俊旭
何文殿　文　彦　广　明　徐俊斌
冯　滨—冯治国（儿子）
孙洪光—孙　刚（儿子）
梅墨生—梅馨月（女儿）　王新建　赵志军　龚绍岳　华君明　黄彦华
金　喆　皇甫国峰　张末兮　颜欣荣　冯雪松　徐右冰
冉隆福　宗之筠（女）　姜　威　谭钦文（女）　曹　巍
孔祥舜　吴锦添　刘栋慧　王桂英（女）　蔡　田（女）
李　哲　孙印凤（女）　张　玮（女）　孙　飞（女）
杨建民　姚慧凯　张　峰　焉笑华（女）　任钦功　梁进杰
张　虎　任京城　赵千民　穆德林　钱　楠　孙　妙　赵怀恩
赵心琦（女）
徐立洲—吴让考　聂风极　张　固　田金科　李冬暖　李春贵　王春贵
张秀荣　刘福义　王秀敏　刘志群　霍青维　刘振明　吴立宪
高春岐　王彦茹　康爱民　邢慧敏　徐　萍　李学斌　李跃伟
丰桂云　杨喜敏　张连喜　毛　丽　杨明军　陶艳华　申秀香
王洪革　赵卫东　周福强　王新成　徐　晖　刘　云　张晓卫
张勇胜　杜建章　张永学　赵　晔　薛　栋　马立玲　刘君和
王乔义　赵晓光　杜胜雪　王晓然　刘　艳　马艳巧
闫　芳—霍　瑾　霍　璐　郭俊江　刘文丽　叶卫红　孙永泉　边志琴
赵国刚　师虎军　李淑芳　王新春　吕海宾　王丽芳　封雨萌
史春柳　么木森　赵文芬　魏　巍　蒋淑兰　孙　猛　董月辉
娄秋凯　秦建国　秦宝顺　戴红雨　宫朝君　柳建林　胡中兴
董克清　贾中海　毕焕章　冯彦国　王树谦　张　擎　刘　飞
陈相明　贺春礼　孙保卫　祝厚光　薛立峰　罗顺涛　王世伟
陈桥通　杜军涛　翟红云　王丽君　王国辉　王增武
王绪仁—孟令民　孙静川　葛庆利　刘子恒　张　军　王小刚　杜振富
王怀珍—秦建国　戴红雨

孙金星—宗新福　王文学　张国宁　孙秋晨　孙秋爽
霍志民—韩立庆　廉合利　赵云清　王胜来　白广飞　刘志强
徐步阶—杨张山　车富刚
明桐林—刘国辉　张会田　王汝森　马凤岭　张福生　刘建华　何　杰
李家峰　冯志良　李　明　蔺俊宝　邢佩华　李淑新　马东元
王颖霞　王津英　董和利　孙文勇　刘志刚　蔺广忠　党汉津
回宝彬　邢卫洪　孙朝晖　赵学焕　傅忠民　林　峰　刘宝营
孙新城—孙逸楠（子）　高石军　宋立申　刘庆民　刘建进　连智涌
吕彦恩　卢庆忠　熊克锋　王京武　王福章　任庆国　张　辉
刘义雨　李海飞　王少东　牛李彬　朱广奇　李志强　刘志华
刘瑞凯　胡贵成　张金侠　杨士杰　崔治洪　马寅生　王宏碑
赵洪涛　高献忠　赵立刚　王学民　陈　明　纪东明　纪廷明
冯彦学
杨玉岐—杨文博（子）　于光兴　马　磊　马晓亮　王国刚　王国平
王先亭　王守中　尹德强　尹立俊　孔乐凯　白瑞良　冯光涛
任希峰　孙　谦　孙刚伦　孙国利　孙鹏辉　孙跃军　孙茂君
孙一恺　庄钧超　刘福宝　刘升强　刘乐群　宋林田　位锡法
邱宇奇　吴爱臣　吴旭宙　李晓东　李广明　李大山　邹果吾
张殿辉　张建国　张希东　张天奕　张立华　周洪春　周爱敏
林曙光　周柏林　杨　磊　杨桂平　季春洲　郑祖玺　尚永民
孟凡洲　姜　涛　侯英波　唐晓东　赵丛理　陶相贵　徐书良
班寿林　倪绍江　钟树斌　曹志军　桑松军　崔　元　崔国林
宿国明　宿光辉　梁进杰　彭锦涛　潘延松　穆树梁　穆忠林
阚玉君　镡永军　李典尧　李新波　邢新壮　张瑜瑜　江伟民
陈玉明　王晓平　韩珽贇　杨　军　褚国梁　赵庆胜　崔学华
田　巍　沈志宏

**李经梧再再传弟子**

李茂舜—方永秀　方　雷　寇福全　方合庆　王志臣　高智荣　曾召刚
方松林　曾宪锐　王兴磊　李兴杰　张　斌　张　琦　曾　蓉
张　坤　李晓云　方永乐　吴辰涛　潘希辉　杨志芳　杨云香
由日君　王　鲁　王昀昊　张　斌　戴　翔　国春义　杨显春
杨建军　徐志强　李英波　方海良　张瀚文
李洪舜—曲卫国　张斌兴　原冬成　曲悦军　梁进杰　施嘉亭　刘晓光
刘志超　李旭东　曹凯成　李修昊　于永国　张同全　赵永基
王晓东　王　平　王俐平　戚国伟　王志成　盛旭东　梁云泉
杨秋良　张吉平　潘尚周　董成岩　张吉周　安毅坤　孙成杰
戚开泉　沈英杰　李向杰　李节利　宁延升　曲洪颉　李　良

李伟涛 高武卫 李 立 原英钧 邱志强 张新军 吴爱军
张培尧 徐伟堂 董成麟 熊汉新 王 磊 傅大伟 于长永
吴晓东 刘海民 焦 磊 刘延生 毛志波 邱培桐 孙丽萍
王文涛 李敏堂 由长波 鲍伟江 王莲蓉 孙兆云 朱维升
赵丛理 程构铭 刘祥杰 冯文化 林召东 邹 峰 毛帜峰
张忠宙 綦开德 李林涛 杨和巧 徐小慧 程和斌 仲跻义
张国平 王丹莹 邹金林 孙政国 战晓平 于效杰 王吉茂
栾新生 高丽华 刘怡民 孙连生 于 俊 陶玉魁 于培良
赵柯砚 王 浩 刘佳峰 武振宇 王昱森 王福刚 于春文
李金涛 孙兴田 高振峰 戚增荣 王振鹏 张声波 于春水
王立春—张 猛 王 晶 王子山 王新国 李惠芳（女） 张振杰
李惠洁（女） 扬 涛 李志鹏 康建民 王莲蕊（女）
刘莲静（女） 张建国 棱建彬
纪长林—纪胜男（女）
于桂敏—程子晏（女）
黄桂华—刘潇阳（女）
岂鹿天—尹云霞（女） 李格飞（女） 吴 琼（女）
崔世斌（女） 王 菲（女） 郑永涛 李域杰
巨文馨（女） 杜文欢（女） 刘 帆（女）
王格格（女） 刘庆涛 刘占胜
于东明—杨学新 谭向丽（女） 于千惠（女） 朱远红（女）
辛 奇（女） 司永涛 卫广会（女） 丁香芬（女）
张东斌
李晓源—李 晋
唐 军—武铁生 刘顺来 温庆江
施孝恩—王泉凭 杨升平 王 师 郭学军 邵汗良 邓春平 施绍军
汪增刚 施云泉 施云刚 施正义 刘培刚
段建平—段 鹏
秦国军—谭俊强
赵海泉—孟国威 赵 青 柳伟锐 赵晶晶 赵崇霄 柳海翔 梁海钰
柳军珂 张 璐 李 霖 梁馨月 白 桦
杨书法—杨胜芳 张四虎 张建军 武亚龙 路 强 苏征军 谷秋生
孙文魁 胡建红 郝永江 武英斌 游艾民 杨小杰 崔庚博
赵贵生 吴延强 张宣彬 冀建敏
杨书太—杨吉雷 杨绍花 杨绍蕾 张宗立 吉贵明 张志锋 胡建刚
李振杰 王云晨 张玉广 李胜虎 曹增贵 胡俊山 杨世侠
陈艳明 刘增卯 董胜军 申明星 郭 华 陈喜军 王德永
张岩民 张增亮 李现彪 张建合 张建平 王庆奎 王 军
侯深山

胡朴顺—赵　岷　徐　昆
霍荣彩—李春兰　李庆霞　付志新　吴玉芬　高贵芹　王金彩　伦秀亭
赵书琴　冯兰生　靳来春　刘云华　林建平　任秋景　闫金芳
时春华　赵春秀　贾春苏　王彦敏　杨香景　宋庆云　张东雪
杨贵峰　郭清芳
马玉萍—郝冬麒　刘玉鹏　鲁晓云　李月新
白红军—王素芳　王胜君　武海银　张国立
成荣祥—郭　浩　陈得胜　刘青贵　王启雄　刘玉超　黄　伟　李荣闪
靳红旗　杨国平　谷银强　苏宝敬　苏培臣　杨会强　张奎军
于守仁—王金芳　马伟刚　贾文城　贾　凯　李晓华　鲍朝辉　李秀芹
任丽华　王国辉　李海亮　张　普　郭俊祥　刘英芳　周爱香
董荣芹　魏丽萍　齐鹏涛　李吉星　端建刚　赵志鹏　贺建伟
曲宝森　项金勇　朱野林　张斌齐　李有本　吴一博　张志信
陈惠芳　苏慧轩　魏海燕　池志宇　王　红　张玉柱
朱泽建—朱文宇（子）
于宝环—张志东　孙维国　于　飞　于　翔
蒙一丁—李耀松　王起山　崔　光　荆　义　王　晗　荆百郎　许　可
刘万春—陈金刚　胡志华　许　晖　高　闻　丁立涛　赵　明　李　牧
侯　涛　孙维国　曾　华　马　宁　孙玉梅　尹振标　杨茂祥
Tim Duff（澳）　Shane Ronald Haney（澳）　刘东明　孙灏松
翁世平　Chris Dell（澳）　Vicki Sauvage（澳）
Daniel Sauage（澳）　洪燕宏（澳）　陈国华（澳）
李永成—彭占和　张传林　孟宪瑞　李建国　卢　军　郝大勇　娄　丛
张贵清　李德章
王汝深—高　占　于福春　王闻鉴　张荣彬　朱乾坤　左瑞鑫　王　兴
武志斌　贾　勇　寇　剑　董兆斌
何　杰—李泽锋　刘春阳　崔玉伟　李庆成
林保国—苏晓东　姚玉琪　张异军　白翔宇　尚红霞　李树范　王　涛
刘　岩　王桂珍　郝继业　刘晓才　沈　洁　朱　江　吴海媛
金　城　闫文歧　于秀平　何旭光　盖立丰　张传茂　孙丽娟
杜桂林—任　贺
孙晨明—胡　静　李志强　孙士超（女儿）　王　斌　李金燕　卢小龙
王建华—潘乐君　黎会申　曲　松　何　钊　郝顺义　臧雷雷
彭树新—彭　芳　黄学彪　刘青林　于国强　宁国祯　马章辉　李治刚
刘　鹏　刘春强　杨云广　郑国强　张献红　陈　云　王振营
张宝利　韩立敏　宋惠玲　王淑芬
李振民—杨玉亮　杨进民　刘建国　刘冠峰　靳志勇　吕增表　武小虎
张鹏魁　李文静　周佳丽
刘　为—杨玉满　付　代　刘　勇　于庆林　刘炳序

刘玉斌—刘亚琴（女） 刘亚民（女） 刘亚丽（女） 倪 仰
刘希华—于云凯 杨文山 王志洲 徐顺来 刘永芹 孙立芹 王振坤
张志敏 牟春红 杨向红 陈学智 武兴涛 孙荣华 翟景池
高 正 杨风强 张智海 徐延安 赵宏伟 韩国生 刘海峰
侯茹艳 孙金红 王 伟
张礼珍—石长辉 张 东 杨玉龙 商 勇 荣炳瑞 王建刚 杜自德
孙 伟 曹伟杰 邢秀强 侯学军 贾风杰 祝立业
王凡顺—马 镝 韩 枫 纪光武 王元章 徐文大 何昆霖 李忠友
徐振东 张立波 张忠华 付阳升 魏汝新 张 勇 张家新
王艳杰 杨志敏 孙雅静 董雅娟 张云珠 林 海 孙 丽
迟云泽 贾 林
张守慧—何 斌 许 彪 迟瑞峰 盛 辉 严淑梅 王青山 郝静华
程 琪
王卫东—安梦麟 庞彦成 文本望 李晓红 马 力 刘钟华 李旭绯
岳红霞 闫 诚 孟庆艳 邴胜辉 杨 雪 樊 冰 高 薇
刘 月 张瑶瑶 曲艺萍 王蓓蓓 王 丹 王 凯 王 沫
张丽梅 谭 雪 闫学红 杨 柳 李 鹏
蒋淑兰—牛 蕾（子） 牛 蓓（女） 王兰生 许向东 任玉刚
于卫忠 齐贵秋 孟进忠 史素稳 石建国 王安茹 万 平
张卫杰 朱立彬 段闪闪 张星隆 高金花 闫荣菊 王振英
张 冀 党胜堂 赵建华 张福寿 王 笑 张 辉 常建荣
岳凤欣 郭颖贤 鲁金英 王 勤 王亚萍 刘志新 刘利军
党菁菁 王 宁 袁玉荣 左海军 张孟德
周 萍—孙桂英 于学东 张学冬 张守海 张春来 刘树威
王奎元—李克平 张树贤 王冠楠 刘瑞全 王 涛（儿子）
陈庆合—陈 杨（女儿） 白银河 谢 露 马尚红 李 亮 张立海
王晏平 郝亚齐 高 坡 熊爱燕 尚小红 刘 绚 王 媛
王玉彬 李立波 赵乐卿 宫 猛 毕海娜 焦伟婷 席永平
郑志泽 许朋展 张 新 曹波江 赵 炎 郭姗姗 张 伟
霍志岩 赵东云 王启龙 张 丽 王建才 陈铁强 贾京龙
刘 春 宋 凯 周玉鹏 张国强
英 林—徐昊霖 邢晋山
张 升—韦子恒 王炼海 蔡云林 刘海青 魏云才 周庆泉 马 彪
桑一鸣
刘绍华—杨旭光 玄兆鸽 王绍生 邵惠霞 蔡东博 李晓江 韩玉林
杨立国—杨 浩
张 军—于学伟 贾晓玲 张新武 王 材 胡海洋 李树林 李敬海
尚学东
王新华—李向良 李庆柱 张汝祥 苗云占 李春生 张百锋 尹英民

刘向阳　徐海锋　王利营　王宇明
陆春光—邵　壮　刘　宇　许　渤　李　铁　张　柱　李印峰　张国生
何宝瑞
邵光远—吴大伟　崔德君　王宏章　马金龙
杨庆丰—丁　蕾　张永祥　梁玉杰　王丽珠　何　峰　顾国峰　张丽英
李景新　杜宇超　何奔腾　廖　丹　才庆玉　赵淑华　闵庆武
曾铁秋—徐全会　徐桂芝　孙莲芝　安　明　熊秀辉　苑　军　王　丰
岳国强　谭立明　严秋成　王大丹　黄禧纯　绍　军　吕　研
李　阳　刘洪朴　王　新　杨建军　张学柱　宋国迁　金玉子
杨庆奎—徐山明　段辉南
魏国平—陈秋晨（女）　祈首晖　杨堂英（女）　高　琼
刘敏丽（女）　王玉涛　王艳士　张本耀
武永昌—武　宏　史云飞　李济昊　王成伟　王振华　吴振宇　杨　光
刘　洋　张宴齐　巴　特　闻永清　白永军
于治双—高育红（女）　关玉敏（女）　贾秀华（女）　冯　刚
郑文立（女）　张文彦（女）　王玉兰（女）
黄文彬—邢长生　周　博　毛秋立　李玉杰　张守文　刘文星　杜宏伟
管海龙　李　颖　张小罡　武立新　陈兴宝　杨　悦　张志明
许雷雷
张建国—陈晓敏　赵延明　李　光　王　旭　王　敏　孙小滨
吕　丽—陈　霞　刘　志　刘　蕊
梁荣华—梁　宵　范奇乐　支环宇　加藤淑子
申廷海—杨　磊
肖远德—肖秭璇（女儿）
章广耘—章嘉宸（女儿）
郭玉和—李　旭　郑　均　项立龙　高夕庆　吴顺义　徐海涛　马海燕
项立宁　吴启安　曹宪芳　刘　丹　魏建军　田永景　李春瑞
李永军　陈志奎　慈华聪
李淑新—董　悦（女）　王剑利　周艳洁（女）　李　跃　刘德喜
许　倩（女）
董和利—方俊荣　王　敬　范纳新　罗晓熙　李旭光
张玉顺—刘永利　舒学利　苏国友　杨二宝　高金香　郑铁成　赵仕国
魏景忠
张立研—张小川
孙勇杰—邹先岭　王卫国　孙静雅　贾　猛　孙静波　田文鹏　张克昌
侯宇萌　姚亮亮　冯宝阳　庞　猛　王卫杰　张　闯　景文涛
宋明超
高瑞华—高　师
董克家—谷　军　杨宝田　戴培志　郑志明　周耀宗　范宝奎　左文学

李臣林—艾永滨　刘玉彬　郭耀华　曹晓平　陈志民　刘　会　睢学春

张民宸　杨福新　杨建平　章瑞祥　李久玲　杨常山　李友贵

王海潮　李　征　李　健　张海波

刘子勇—王春长　刘佳卓　翟会全　张永乔　郭长如

王柏顺—周庆东　刘继元　张会青　张连中　魏　松　董小悦　王海清

王晨阳

李　彦—郝国忠　李连印　宋同华　王伟光　李东林

高凤至—郑士英　张大为　颜　宁

张志明—刘万起　许　强　程根源　陈来存　宋宗信　刘　勇　刘仲辉

杨　光　梁秀芝

晏东明—庞　新　姚书贤　温战友　代宏武

赵晓华—范永存　古志成　王　海　雷国林　聂永忠　宋志辉　赵　剑

张　祥—刘慧彬　倪庆国　张　元　李连生　张　海　杜广友　孙进芳

李　文

郑子兴—武树臣　李国刚　甄文君　刘连山　薛玉军　陈首稳

赵国清—赵伟健　赵伟康

王会成—靳顺礼　王智龙　郑锐刚　王宝刚　杜志勇　谷孝生　李安峰

杨　奇　阎　军　苏　更

于福利—孙爱伦　张海宇　张瑞祥　王永民　王广兴　熊建飞　岳艳红

谢　辉　王利国　李　昊　周　杰　齐宝林　王俊良

李树声—郝振江　杨利国

侯晓山—侯　越

贾绍忠—陈增彬　贾承旺　贾　彤

崔同泉—崔龙飞　李　阳　许龙杨　杨　康　李　硕

甄玉华—李子娇　卢金梁　黄　春　王利光　李玉涛　许金存

孟庆旺—孟凡圣　孟凡崧　王宝智　刘跃华　宋室谕

冯树征—尹　健　冯　刚　赵显清　陈亚强　安瑞成　葛庆友　琚元友

历建强　翟海林　蒋太生

郭建军—王少春　丁景利　王印桥　谢书成

苏云宝—苏　迪

高　佳—梁永春　邵家林　王洪恩　李国平　宋国权　郭长贵

苏云丰—苏佳琰　杨志松　苏炳霖

戴　宏—张铁胜　王慧玲　安东梅　任利英　周　风　许　蔷　鲁国红

宋　玉

赵晓刚—赵予晗　吴欣予　梁学良（印尼）

郝云生—于美霞　李忠有　程炳坤　于大伟　许雁清　张全民　徐振和

王明智　赵鹏飞　宋玉红　盖如伟　马　杰　刘振堂　吴玉才

孙家富　林永年　张春荣　苑　芳　田乃修　付世华　赵旭海

李广金　袁春杰　李东阳　郑德梅　毕远学　张殿芝　毕重义

杨云成　陈小菊　秦以丽　王　宇　谭金亮　张国臣　王广仁
于海良　田永玲　马振虹　秦大勇　郭守荣

莫振彪—莫　客

陈　健—徐　威　毛　彬　陈武汉　马　越　何全生　阮元彬　刘义武

谭伟彦—伍德斌　劳闯大

任显中—齐传书　徐建国　王树民　姜喜贤　唐淑霞　周　旭　卢长青
周殿华　郑吉胜　朱泉兴　王健鹏　刘月燕　孙作明　郝　远
刘化兴

胡旭生—李培良　吴立明　邹积成　于艳梅　于秋梅

谷　平—本　德（德国）　刘　鹏　辛国伟

郭长胜—赵　萍　李淑革

赵中奇—王明军　左振宝　孔令军　范国志

罗子常—黄炎荣　余桥欢　吴荣添

张延海—张　伟　张　帅　郭屹锌

李献彪—樊胜印　张春晖　刘良启　郭　勇　薄群峰　谷二平　楚志彬
任军峰　于鑫涛　李宜轩

吴让考—孙来喜　杨泽欣　周建华　尹飞仓　王才极　张庆伟　李军辉
王保建　苏晓光　刘国辉　李　峰　王世革　宁桂生　刘国华
陈荣锦　李润亭　尹书生　周爱华　康建东　王　建　苏崇义
刘冠华　战云林　吴子杰　吴志军　胡丹飞

聂风极—刘迎春　戴占勇　张明栓　贾录全　张绪恩　金明弟　王利涛

王国刚—王长忠　白春雷　刘晓光　杨红卫　杨　帆　赵　刚　赵　峰
秦日祺　徐志波

马国珍—张福渤　陈兴亮　卢增助　张子渝　侯明亮　冯其洲　屈建平
邓　刚　刘　雁（女）　梁广兆　周玉庆　黄　胜　曾志中
陈炳亮　陈　雷　何信云　刘　涛　高　歌　王云华　徐洪恺
程军艳（女）　杨建英（女）

唐晓东—唐　逢（女）　唐　榕（女）　徐　峰　孙求直　唐旭坤
王众宽

白瑞良—白春雷（子）　陈玉嘉　隋有善　尚丰浩　崔树正　滕宗泽
刘　通　李广坤　姜学政　任汇川　尚　辉　张发森　胡国锋
王伟韶

潘延松—潘柯文（子）　盛旭东　韩盛邦　尚振中　李志军　张　辉
潘磊静

张殿辉—韩　兵　陈　涛　孟国泉　秦燕林　夏继光　荆仁茂　荆仁盛
于法之　王洪涛　曲　波　秦平林　刘振海　岳　安　安家伟
周立河　曹敬民　谢行远　刘洪更　刘峰平　马跃东　张海涛
王建光　林绍明　宋善勇　管三河　邹玉欣　宫忠民　张　建
张海龙　张兆杰　王黎明　孙　颖　杨书恩　孙成刚　姜秀荣

于爱静　杨红霞
周洪春—周梦超（女）　周旭昇　赵洪辉　栾　泉　彭　波　宋俐缘
郭玉斌　郭中柱　杨嘉信　杜　新　车载成（韩国）
郑洪见（以色列）温家齐（加拿大）
张希东—石兴虎　张红卫　林同山　战　伟　吴益根　王　华　李秋霖
任希峰—任汇川（子）
宋林田—宋俐缘（子）　宋　鹏　车载成（韩国）
尚永民—尚小楚（女）　尚小义（女）　崔家豪　尚子义　孙刚毅
穆树梁—穆　静（女）　曾宏亮
侯英波—范振良　衣晓初　侯云超　王伟林　隋汉文
陶相贵—陶玉娇（女）　刘艺群　张民熙
位锡法—陈玉嘉